의례 역주 儀禮譯註

공사대부례 · 근례

【五】

역주자 박례경(朴禮慶)
연세대학교 대학원 철학과에서 석사 및 박사학위를 받았으며, 서울대학교 규장각한국학연구원 책임연구원을 역임하였고 현재 대진대학교 학술연구교수로 재직 중이다. 역대 예제와 예제 현실의 예경학적 토대에 관한 연구를 진행해 왔다. 논저로는 "조선시대 국장에서 조조의 설행 논의와 결과"(2007), "규범의 근거로서 친친 존존의 정당화 문제"(2008), "주자가례 속의 인간과 사회—새로운 종법 이해와 재구성의 고례적 맥락에 대한 성찰"(2010), "덕치의 상징체계로서 유교국가의 즉위의례"(2011), 『왕실의 천지제사』(공저, 2011), "정현 예학의 지향점"(2013), 『의례역주 1』, 『의례역주 2』(2013) 등이 있다.

의례 역주【五】 儀禮譯註 五

공사대부례 · 근례

1판 1쇄 인쇄 2015년 2월 5일
1판 1쇄 발행 2015년 2월 10일

—

역주자 | 박례경
발행인 | 이방원

—

발행처 | 세창출판사
신고번호 · 제300-1990-63호 | 주소 · 서울 서대문구 경기대로 88 냉천빌딩 4층 | 전화 · (02)723-8660
팩스 · (02)720-4579 | http://www.sechangpub.co.kr | e-mail: sc1992empal.com

—

ISBN 978-89-8411-402-9 94380
978-89-8411-397-8 (세트)

—

· 이 책은 한국연구재단의 지원으로 세창출판사가 출판, 유통합니다.
· 잘못된 책은 구입하신 서점에서 바꾸어 드립니다.
· 책값은 뒤표지에 있습니다.

—

이 도서의 국립중앙도서관 출판시도서목록(CIP)은 e-CIP홈페이지(http://www.nl.go.kr/ecip)와 국가자료공동목록시스템(http://www.nl.go.kr/kolisnet)에서 이용하실 수 있습니다.(CIP제어번호: CIP2015002659)

의례 역주 儀禮譯註

공사대부례 · 근례

The Translation and Annotation of **"Yili"**

【五】

박례경 역주

세창출판사

옮긴이 말

본서는『의례』17편의 경문과 이에 대한 최초의 완정한 주석이자 후대『의례』주석의 전범이 되었던 '정현鄭玄의 주注'를 함께 우리말로 번역하고 주해한 것이다. 또한 번역과 주해 속에『의례』의 명물도수名物度數에 관한 도상圖象, 정현의 주석을 둘러싸고 일어났던 예학사 상의 논쟁점, 새롭게 보완된 후대의 주요한 주석 등을 함께 정리함으로써 독자들로 하여금 본 번역을 통해『의례』와 그 주석사의 맥락을 이해할 수 있도록 하는 데에 주안점을 두었다.

『의례』는 한초漢初 고당생高堂生으로부터 전승된 것으로, 후에『예기』,『주례』와 더불어 '삼례三禮'로 칭해지게 되었다. 후한 말 정현이『삼례목록三禮目錄』을 작성할 당시『의례』의 전본傳本에는 '대대본大戴本', '소대본小戴本' 그리고 유향劉向의 '『별록別錄』본本' 등이 있었다. 정현은 '『별록』본'에 의거하여 주석 작업을 하였고, 이것이 오늘날 우리가 보는『의례』17편이다.

정현 '의례 주'의 특징으로는 '훈고訓詁'의 측면에서 ① 여러 이본異本들을 대조하여 글자에 대한 교감을 가하였고, ② 전 · 후한 시대 금문학파의 번쇄한 주석방식에서 벗어나 여러 학설을 망라하면서도 핵심적인 논점을 중심으로 종합하여 관통시키는 '회통會通'의 방식을 취하였으며, ③ 간략하면서도 심오한 기록 탓에 난해하였던 고례古禮의 행례 절차와 배경들을 구체적으로 이해할 수 있게 하였다는 점을 들 수 있다. 이와 함께 '의리義理'의 측면에서 보면, ① 외형적 행례 절차를 기록한 '경문'을 가시적으로 형상화시키면서 동시에 경문의 행례 과정이 담고 있는 예학적 의미를 밝혀냈고, ②『의례』 외에『주례』와『예기』 등 '삼례서三禮書' 전체에 대한 주석 작업을 통해 정현 자신이 도달한 성찰, 즉 고례의 원리와 체계에 대한 구조적 성찰을 반영시킴으로써 고대 예학의 세계상을 이해할 수 있게 하였다. 말하자면 정현의 주는 '삼례'의 원융한 예의 체계를 구축하고, 그 체계 속에 모든 경서를 정합적으로 포괄한다는 정현의 학문적 영위의 일환으로 저술되었던 것이다. 후대에 '예학禮學은 정학鄭學'이라고 칭해질 정도로 정현의 삼례주三禮注는 중국 고대 예학 연구의 토대가 된다. 정현의 주석에 의거함으로써 우리는 비로소 '난독지서難讀之書'·'망이생외望而生畏'로 알려진『의례』에의 접근이 가능하게 된 것이다.『의례』의 경문과 더불어 '정현의 주'를 함께 번역하게 된 이유가 여기에 있다.

최근 한·중·일 동아시아 3국에서 예학연구는 새로운 각도에서 조명받는 학문영역 가운데 하나이다. '근대의 망루'에서 '예'는 동아시아 근대화를 가로막는 사상적 근원이자 제도적 고착으로서 비판받았다. 그러나 근대 자체가 상대화된 이후 이제 오리엔탈리즘의 시각에서 벗어나 그 '예'의 실체가 무엇이었으며 그것으로 지탱되던 전통시대 사회시스템의 실체는 어떠했는지를 객관적으로 구명하고자 하는 것은 시대적 요구가 되고 있다. 학문적 차원에서도 조선시대의 예송논쟁뿐 아니라 국가전례의 구체적 실상, 조선과 중국의 종묘제론, 종법론, 상복제도 나아가 일반 생활사의 영역에서도 예학에 대한 관심이 고조되고 있고, 새로운 시야가 개척되고 있다. 이러한 연구는 당연히 의식의 구체적 행위절차를 규정한『의례』에 대한 접근을

선행 조건으로 해야 하며, 따라서 엄밀한 학문적 차원에서 『의례』 등 주요한 예서를 역주하는 작업이 바탕이 되어야 할 것이다.

본서는 리쉐친(李學勤) 주편 십삼경주소정리본十三經注疏整理本 『의례주소儀禮注疏』(北京, 北京大學出版社, 2000)를 저본으로 삼아 번역한 것이다. 이 저본은 가장 최근에 간행된 『의례』본으로 『의례』의 경문, 정현의 주, 가공언의 소를 단락별로 제시하였을 뿐 아니라, 다양한 판본에 대한 치밀한 교감이 이루어져 있기 때문이다. 우리말 번역에서도 표점은 기본적으로는 이 저본의 표점 원칙을 수용하였지만, 현재 우리나라에서 진행되는 각종 정본 사업의 표점 원칙을 반영하였고, 또 옮긴이들의 관점에서 필요한 표점 방식을 만들어내어 적용하였으며, 인용부호, 강조점 등은 우리말 어법에 맞추어 바꾸었다. 리쉐친 『의례주소』본의 표점에 오류가 있는 경우 역시 정정하였다.

옮긴이들은 정현의 주에 의거하여 경문을 번역하는 방식을 취하였는데, 정현의 해석은 매우 간오簡奧하기 때문에 한대의 언어학적 맥락을 짚어내지 못한다면 그 행간에 담긴 함의를 간취하기 어려운 측면도 있다. 따라서 경문과 정현의 주에 대한 후대 주석가들의 해석을 동원하지 않을 수 없는데, 이 점에서 청대 호배휘胡培翬의 『의례정의儀禮正義』는 매우 유용한 정보를 제공해 준다. '표준적 해석'이라는 뜻에 걸맞게 『의례정의』에는 송대의 오계공敖繼公·이여규李如圭를 비롯해서 명대의 장이기張爾岐, 청대의 오정화吳廷華·채덕진蔡德晉·저인량著寅亮·호광충胡匡衷 등 역대 주석가들의 논점을 정합적인 논거와 비판적인 안목으로 각각의 정현 주 아래에 덧붙여 소개하고 있다. 약간 번잡한 느낌이 없는 것도 아니지만, 이들 후대 주석가들의 논점을 주석에 상세히 정리함으로써, 『의례』 해석의 시대적·역사적 변화를 드러낼 수 있도록 함과 동시에, 해석의 정확성을 최대한 높이고자 하였다. 또한 매 편의 표제 아래에 정현의 『삼례목록』을 번역하여 넣음으로써『의례』 17편에 실린 각 의례의 역사적 연원을 이해할 수 있도록 하였다. 그리고 각각의 행례 절차가 시작되는 앞머리에 의례의 연원 및 의미, 그리고 각 의례의 행례 장소와 전반적인 행례 과정에 대한 간략한 개요를 제시하여 '해제'로 붙임으로써, 복잡한 각각의 의례 절차와 의의를 일목요연하게 파악한 후 본문 이해에 들어갈 수 있도록 하였다.

『의례』는 상대적으로 예의 이론적 측면을 논하는 『예기』와 달리 구체적 의식 절차를 기록한 매뉴얼이다. 따라서 그 번역은 단순히 우리말로 옮기는 것뿐 아니라, 그것의 실체를 입체적이고 구조적으로 이해할 수 있도록 궁실, 의복, 기물, 건축물 등 명물도수名物度數들에 대한 도상圖象과 도해圖解를 제시할 필요가 있다. 따라서 본 번역에서는 송대 양복楊復의 『의례도儀禮圖』·섭숭의聶崇義의 『삼례도三禮圖』, 명대 유적劉績의 『삼례도三禮圖』, 청대의 『흠정의례의소欽定儀禮義疏(禮器圖)』·장혜언張惠言의 『의례도儀禮圖』·황이주黃以周의 『예서통고禮書通考』 등에 수록된 도상과 도해뿐 아니라 양톈위(楊天宇), 이케다 스에토시(池田末利), 다니다 다카유키(谷田孝之) 등 현대 『의례』 연구자들의 성과물을 적극적으로 활용하였다.

'번역'이란 원문의 의미를 손상시키지 않고 타국의 언어로 이를 고스란히 되살려 내는 작업일 뿐 아니라 비전공자들도 쉽게 읽을 수 있도록 가독성을 높여야 한다는 상호 모순을 해소하는 과정이기도 하다. 『의례』와 같은 고문헌을 번역할 때에는 그러한 고심이 더욱 깊어질 수밖에 없는데, 특히 제기 등 기물의 명칭을 어떻게 우리말로 옮길 것인가를 두고 번역과정에서 여러 논란이 있었다. 가령 '변籩'과 '두豆'의 경우, '변'과 '두'로 옮기는 것이 가장 정확한 번역일 수 있지만, 『의례』 안에는 수많은 제기, 궁실, 건축물, 의복, 음식 등의 명칭이 등장하는데 이를 모두 원래의 명칭 그대로 표기하게 될 경우, 번역문은 거의 기호의 나열이나 다름없어 가독성에 심각한 문제가 발

생할 것으로 판단하였다. 이에 따라 본 번역에서는 명물名物에 대한 정현의 해석과 각종 문헌의 기록에 의거하여 그 기물의 특징과 성격을 드러낼 수 있는 적절한 우리말로 표기하기로 하였다. 정현은 '변籩'에 대해 "변은 대나무로 만든 제기이다"(『周禮』, 「天官 · 籩人」, "籩,竹器"), "말린 고기를 올릴 때에는 변을 사용하는데, 변은 말린 음식을 담는 데에 적당하다"(『儀禮』, 「鄕射禮」, "脯用籩, 籩宜乾物")고 하였고, '두豆'에 대해서는 "고기 젓갈을 올릴 때에는 두를 사용하는데, 두는 젖은 음식을 담는 데에 적당하다"(『儀禮』, 「鄕射禮」, "醢以豆, 豆宜濡物也")고 하였다. 또 『이아爾雅』 「석기釋器」에서는 "나무로 만든 제기를 두라 하고, 대나무로 만든 제기를 변이라 한다"(木豆謂之豆, 竹豆謂之籩) 고 하였다. 이에 따르면 '변'과 '두'는 그것을 만드는 재료의 측면에서는 '대나무'와 '나무'라는 차이가 있고, 기능적인 측면에서는 '말린 음식을 담는 제기'와 '젖은 음식을 담는 제기'라는 차이가 있다. 이러한 해석에 의거하여 본 번역에서는 '변'을 '대나무제기', '두'를 '나무제기'로 각각 표기하였다.

옮긴이들이 처음 『의례』 번역에 관심을 갖기 시작한 것은 1998년부터였다. 이봉규, 장동우, 이원택 그리고 김용천은 중국 고대철학, 다산 정약용, 조선시대 정치사상사, 중국 고대사 등 각자의 구체적 전공분야는 달리하였지만, 모두 '예학'을 학문의 밑바탕으로 하고 있어 자연스레 모임이 결성되었다. 당시에는 '상례'에 대한 관심이 고조되어 『의례』 「상복」의 번역으로 시작했지만, '삼례서'의 번역을 평생의 업으로 삼아보는 것이 어떻겠느냐는 이봉규 선생의 제안에 따라 청명문화재단의 지원 아래 『예기』 번역에 본격적으로 뛰어들었고, 모임의 이름도 '삼례사락三禮四樂'이라 하였다. 2005년에는 『예기』 전공자인 박례경 선생의 합류로 공부의 즐거움은 배가 되었고, '삼례사락'은 '삼례역락三禮亦樂'으로 바뀌었다. 그러고 보면 우리의 공부 모임도 벌써 15년이라는 짧지 않은 세월이 흐른 셈이 되며, 초창기에 비하면

내공의 깊이도 적지 아니 깊어진 느낌이다. 『예기』의 번역 초고가 마무리 될 즈음, 2008년도에 본서가 한국연구재단의 '명저번역과제'로 선정됨으로써, '삼례서'의 두 번째 작업 『의례』의 번역을 개시하였던 것이다.

예서의 번역은 매주 금요일마다 연세대학교에서 '삼례역락' 모임을 갖고 미리 번역된 초고를 상호 토론하고, 수정하는 과정을 거쳤다. 그러나 난해한 구절이 등장할 경우 한 문장에 대한 해석을 놓고 몇 시간에 걸쳐 논쟁을 벌이는 경우도 다반사였고, 게다가 『의례』의 경우 번역 분량이 워낙 방대한 탓도 있어 이러한 방식으로는 주어진 기간 내에 완역은 불가능하였다. 따라서 모임에서는 용어의 통일 및 문체의 일관성을 유지할 수 있도록 초고에 대한 전반적인 검토 수준에 멈추고, 각자의 전공과 관련된 편들을 배당하여 번역하는 방식을 택하였다. 작업의 분담은 김용천 : 「사관례」1 · 「연례」6, 「빙례」8 · 「상복」11 · 「유사철」17, 박례경 : 「사혼례」2 · 「사상견례」3 · 「향음주례」4 · 「공사대부례」9 · 「근례」10 · 「특생궤사례」15, 이원택 : 「향사례」5 · 「대사의」7, 장동우 : 「사상례」12 · 「기석례」13 · 「사우례」14이며, 후에 참여하여 번역에 활기를 불어넣어주신 이봉규 선생께서는 「소뢰궤사례」16의 번역과 더불어 '『의례』 해제'의 집필을 맡아주셨다.

이제 기나긴 번역의 고투 과정을 마치고 탈고를 앞두고 있다. 한국연구재단의 최종 보고 이후 번역문 전체의 체계와 통일성을 기하기 위해 거의 매일같이 연구실의 불빛을 밝히고 몰두하면서 나름대로 열심히 하였다고 자부하지만, 여전히 '망문생의望文生義'의 엉뚱한 오역이 없으리라 장담하지 못하는 불안감도 감출 수 없다. 사계의 질정을 기다리며, 예학 전공자들의 연구에 조그마한 보탬이라도 되었으면 하는 마음뿐이다. 본서를 명저번역과제로 선정해 주고 경제적 지원까지 아끼지 않았던 한국연구재단 관계자분들께 감사의 말씀을 드린다. 번역과정에서 복식과 관련하여 교열과 많은 자문을 해 주신 최규순 교수님께 고마움의 마음을 표한다. 예정보다 원고의 완성이 늦어져 마음으로 무척 초조했을 텐데도 옮긴이들에게 아무런 압박(?)도 가하지 않고 묵묵히 기다려주신 세창출판사 김명희 실장님께도 미안함과 고마움의 마음을 전한다. 투박한 박석璞石의 문체를 꼼꼼한 교열과 윤문으로 깔끔하게 다듬어 옥조玉藻로 탈바꿈시켜준 송경아 선생에게 누구보다 고맙다는 말을 전하고 싶다.

2012년 11월 12일

늦가을의 향기 그윽한 왕방산 아랫자락 연구실에서

번역자를 대표하여 김용천 씀

차례

옮긴이 말 · 5 | 일러두기 · 14

의례 역주 【一】

사관례士冠禮 제1 · 김용천

사혼례士昏禮 제2 · 박례경

사상견례士相見禮 제3 · 박례경

의례 역주 【二】

향음주례鄕飮酒禮 제4 · 박례경

향사례鄕射禮 제5 · 이원택

의례 역주 【三】

연례燕禮 제6 · 김용천

대사의大射儀 제7 · 이원택

의례 역주 【四】

빙례聘禮 제8 · 김용천

의례 역주【五】

공사대부례公食大夫禮 제9 · 박례경 · 17

근례覲禮 제10 · 박례경 · 161

의례 역주【六】

상복喪服 제11 · 김용천

의례 역주【七】

사상례士喪禮 제12 · 장동우

기석례旣夕禮 제13 · 장동우

사우례士虞禮 제14 · 장동우

의례 역주【八】

특생궤사례特牲饋食禮 제15 · 박례경

소뢰궤사례少牢饋食禮 제16 · 이봉규

유사철有司徹 제17 · 김용천

일러두기

○ 본 번역의 대본은 2000년 12월 북경대학출판사北京大學出版社에서 간행한 리쉐친李學勤 주편,《십삼경주소정리본十三經注疏整理本》가운데『의례주소儀禮注疏』이다.『의례儀禮』경문과 함께 한漢 정현鄭玄 주注와 당唐 가공언賈公彦 소疏가 수록되어 있다. 청淸 완원阮元의 십삼경주소교감기十三經注疏校勘記를 저본으로 하고 손이양孫詒讓의 십삼경주소교기十三經注疏校記, 십삼경청인주소十三經淸人注疏의 성과들을 반영한 교감기가 부기되어 있다.

○ 번역에 가장 많이 참고한 서적은 1993년 7월 강소고적출판사江蘇古籍出版社에서 간행한 청淸 호배휘胡培翬 찬撰,『의례정의儀禮正義』이다.『의례』와 관련된 청대까지의 주요 연구 성과들을 망라하여 경문과 정현 주에 대한 이해를 돕고, 주소에 대한 논리적인 해명과 비판의 근거들을 제시한 저작이다. 번역본에서는 해당 경문의 번역에 직접적인 근거가 될 만한 학설이나 비판적인 이견 등이 있을 경우, 주석에서 직·간접의 형태로 번역하여 인용, 소개하였다.

○ 번역에서 경전이나 제자서諸子書 등을 인용할 경우에는, 인용문을 번역하고 괄호 안에 인용문의 한문 원문을 수록하였다.

○ 본 번역서에 수록된 도상圖象 자료는, 의례도儀禮圖의 경우 기본적으로 청淸『흠정의례의소欽定儀禮義疏』「예절도禮節圖」를 매 편마다 단락별 해제 앞에 수록하였고, 의례의 동선이나 위치 표현이 부족할 경우에는 송宋 양복楊復의『의례도(의례방통도)儀禮圖(儀禮旁通圖)』, 청淸 장혜언張惠言의『의례도儀禮圖』등을 보완적으로 수록하였다. 경문과 정현 주, 각주에 서술된 각 명물도수名物度數에 관한 도상은 송宋 섭숭의聶崇義의『삼례도三禮圖』와 2006년 청화대학출판사淸化大學出版社에서 간행한 정안丁晏 교점·해설의『신정삼례도新定三禮圖』, 청淸『흠정의례의소』「예기도禮器圖」, 청淸 황이주黃以周의『예서통고禮書通考』에서 해당 도상을 찾아서 수록하였다. 이 밖에도 1998년 강소고적출판사江蘇古籍出版社에서 간행한 쳰쉬안(錢玄)의『삼례사전三禮辭典』, 이케다 스에토시(池田末利)의『의례儀禮』, 1994년 상해고적출판사上海古籍出版社에서 간행한 양톈위(楊天宇)의『의례역주儀禮譯注』, 최규순崔圭順의『중국역대제왕면복연구中國歷代帝王冕服硏究』, 쑨지孫機의『중국고여복논총中國古輿服論

叢』과 『한대물질문화자료도설漢代物質文化資料圖說』, 가오밍쳰高明乾의 『고식물한명도고古植物漢名圖考』 등 오늘날 예학 연구자들의 저작에서도 보완이 될 만한 도상들을 추출하여 수록하였다.

○ 용어의 번역은 가독성을 위해 가능한 한 우리말로 번역하고 괄호 안에 원문 용어를 병기하는 것을 원칙으로 하였다. 예) 대나무제기(籩), 고기국물(湇), 당 위 서쪽 벽(西序).

○ 문장의 번역은 통일성을 위해 반복적으로 등장하는 행례 과정 등은 일정한 문장으로 정형화하여 통일하는 것을 원칙으로 하였다. 예) 再拜稽首 : 머리를 바닥에 대면서 재배를 한다. 再拜送摯 : 예물을 보내준 후에 재배를 한다.

○ 본 번역에서 교감에 이용한 판본은 다음과 같이 표기한다.
송宋 엄주嚴州 단주본單注本은 '엄본嚴本', 번각翻刻 송宋 단주본은 '서본徐本', 명明 종인걸鍾人傑의 단주본은 '종본鍾本', 이원양李元陽의 주소본注疏本은 '민본閩本', 명明 국자감國子監 주소본은 '감본監本', 급고각汲古閣 주소본은 '모본毛本', 육덕명陸德明의 『경전석문經典釋文』은 『석문釋文』, 장순張淳의 『의례지오儀禮識誤』는 '장씨張氏', 이여규李如圭의 『의례집석儀禮集釋』은 『집석集釋』, 주희朱熹의 『의례경전통해儀禮經典通解』는 『통해通解』, 위료옹魏了翁의 초본抄本 『의례요의儀禮要義』는 『요의要義』, 양복楊復의 『의례도儀禮圖』는 '양씨楊氏', 오계공敖繼公의 『의례집설儀禮集說』은 '오씨敖氏'로 각각 표기한다.

○ 본 번역본은 『의례』 17편의 내용상 의례범주와 번역분량을 고려하여 모두 여덟 권으로 나누고, 색인편을 별도의 한 책으로 엮었다. 1권은 「사관례」(제1), 「사혼례」(제2), 「사상견례」(제3)이다. 2권은 「향음주례」(제4), 「향사례」(제5)이다. 3권은 「연례」(제6), 「대사의」(제7)이다. 4권은 「빙례」(제8)이다. 5권은 「공사대부례」(제9), 「근례」(제10)이다. 6권은 「상복」(제11)이다. 7권은 「사상례」(제12), 「기석례」(제13), 「사우례」(제14)이다. 8권은 「특생궤사례」(제15), 「소뢰궤사례」(제16), 「유사철」(제17)이다.

公食大夫禮

第九

역주 박례경

儀禮

公食大夫禮 第九

소 정현鄭玄(127~200)의 『삼례목록三禮目錄』에서 말한다. "주국主國의 군주가 예[1]로써 소빙小聘[2] 온 대부에게 음식을 대접하는 예이다. 오례五禮 가운데 가례嘉禮에 속한다.[3] 대대본의 『의례』에는 제15로 되어 있고, 소대본의 『의례』에는 제16으로 되어 있으며, 유향劉向(BC 77~BC 6)의 『별록』에는 제9로 되어 있다.

疏 鄭『目錄云, "主國君以禮食小聘大夫之禮, 於五禮屬嘉禮. 『大戴』第十五, 『小戴』第十六, 『別錄』第九."

주

1_ 예 : 五禮 가운데 嘉禮에 속하는 公食大夫禮는 주국의 제후가 타국 제후의 명으로 聘問 온 大夫에게 음식을 대접하는 예이다. 제후들은 卿을 보내서 서로 방문하여 관계를 돈독히 하는 聘禮를 거행하는데 대부를 보내는 것은 小聘의 경우이다. 주국의 군주는 빙문을 온 빈객에게 饗禮와 食禮 및 燕禮를 베풀어 대접한다. 『의례』「근례」에는 천자가 朝覲을 온 제후들에게 근례를 마치고 향례, 사례, 연례를 베풀어준다는 기록이 있고, 「빙례」에는 빙문 온 타국의 빈객들에게 빙례를 마치고 향례, 사례, 연례를 베풀어준다는 기록이 있다. 연례는 술을 위주로 하고, 사례는 밥을 위주로 하며, 향례는 두 가지를 겸한다. 저인량에 따르면, 향례는 사례보다 중하고 사례는 연례보다 중하다. 향례는 공경함을 위주로 하고 연례는 즐거워함을 위주로 하고 사례는 이것으로 현자를 봉양하는 예를 밝힌다. 향례에서는 희생 고기와 안주를 올리지만 먹지 않고, 술잔을 가득 채우지만 마시지 않고, 안석을 진설하지만 기대지 않음으로써 엄숙함과 공경함을 다한다. 사례는 밥을 위주로 하여, 비록 술과 음료수를 진설하지만 그것으로 입가심만 하고 마시지는 않으므로, 술을 올리는 '獻'의 절차가 없다. 연례는 술 마시는 것을 위주로 하여, 비록 희생의 고기를 진설하지만 밥은 없으며, 一獻의 예를 행한 뒤에는 신을 벗고 당 위로 올라가 앉아서 기쁨을 다한다. 향례와 사례는 廟에서 거행하고, 연례는 寢에서 거행한다. 『의례정의』, 665~666쪽 참조. 『의례』에는 향례의 기록은 없고, 연례와 사례가 있는데, 「燕禮」는 연례에 해당하고, 본 「公食大夫禮」는 사례에 해당한다. 공사대부례의 절차는, 公(주국의 군주)이 대부를 빈의 관사로 보내서 빈을 초청하고 빈이 그를 따라 종묘로 가는 戒賓, 음식과 기물과 자리를 진설하는 陳具, 공이 묘문 안에서 빈을 맞이하는데 대부를 상빈으로 삼아 문 밖에서 빈을 맞이하게 하는 迎賓, 희생고기가 담긴 7개의 솥을 묘의 뜰 안으로 들여놓고, 7개의 제기에 나누어 담는 鼎入載俎, 빈을 위해 나무제기 6개, 희생제기 7개, 서직이 담긴 둥근 밥그릇 6개, 국그릇 4개, 술과 음료수를 진설하는 設正饌, 빈이 자리에 올라가 진설된 정찬으로 고수레를 하는 賓祭正饌, 빈을 위해 나무제기 16개, 도량이 담긴 네모진 밥그릇 2개를 더 진설하는 設加饌, 빈이 가찬으로 고수레를 하는 賓祭加饌, 빈이 세 차례 밥을 떠먹고 음료수로 입가심을 하는 賓食饌三飯, 공이 속백을 보내서 빈에게 계속 머물며 먹기를 권하는 束帛侑賓, 빈이 식사를 마치는 卒食, 빈이 몸소 예찬을 거두고 나가는 禮終賓出, 유사가 제기에 담았던 희생 고기를 거두어서 빈의 관사로 보내는 歸俎, 다음날 빈이 와서 사례와 폐백을 베풀어준 것에 대해 배례하는 賓拜賜의 순서로 진행된다. 본 편에는 이 밖에도, 상대부의 사례가 하대부의 사례와 다른 점, 공이 직접 사례를 베풀지 못할 경우에 사자를 보내어 대접하게 하는 의례, 대부가 서로 베풀어주는 사례, 대부가 직접 사례를 베풀지 못할 경우에 공이 사람을 시켜서 대신 음식을 바치게 하는 의례와 記文이 부기되었다.

2_ 소빙 : 聘은 제후가 자신의 卿을 보내어 다른 제후국을 예방하는 의례로, 小聘은 경 대신에 대부를 보낸다. 빙은 소빙보다 예가 성대하다. 『주례』「추관 · 大行人」에 따

르면 제후의 나라는 서로 왕래하는데, 매년 서로 問을 하고, 중간에 오래도록 일이 없을 때에 서로 聘을 하고, 새로운 군주가 즉위하면 서로 朝를 한다.(凡諸侯之邦交, 歲相問, 殷相聘也, 世相朝也)

3_ 오례 ~ 속한다 : 제후국끼리 서로 예방하는 의례인 빙례는 五禮 가운데 賓禮에 속하지만, 소빙을 온 대부에게 주국의 제후가 食禮를 베풀어주는 공사대부례는 嘉禮에 속한다.

해제 經－01에서 經－09까지는 공公이 대부를 보내서 계빈戒賓, 즉 빈에게 사례食禮가 있음을 알리고 참여해 주기를 청하면, 빈이 사자를 따라가는 절차이다.

[公食大夫禮09 : 經－01]

공公(주국의 군주)이 빙문聘問 온 대부大夫(빈)에게 음식을 대접하는 예이다. 대부大夫(공의 신하)를 보내서 사례食禮가 있음을 알리고 청하도록 하는데, 각각 빈賓과 작위가 같은 자를 보낸다.[1]

公食大夫之禮. 使大夫戒, 各以其爵.

정현주 '계戒'는 알린다(告)는 뜻과 같다. 알릴 때에는 반드시 반열이 같은 자를 시키는데, 대등한 자는 서로 친애하고 공경하기가 쉽기 때문이다. '戒'猶'告'也. 告之必使同班, 敵者易以相親敬.

[公食大夫禮09 : 經－02]

상개上介[2]는 관사館舍의 문 밖에 나가서 용무를 묻고, 문 안으로 들어가서 고한다.

上介出請, 入告.

정현주 무슨 일로 왔는지 묻는 것이다. 問所以來事.

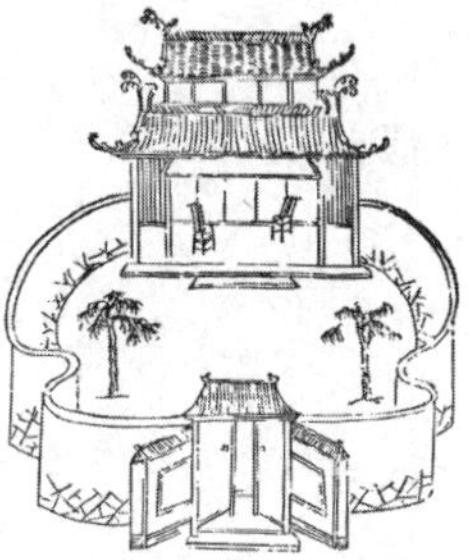

관館
『삼재도해』

[公食大夫禮09 : 經－03]

빈은 세 번 사양을 한다.[3]

三辭.

정현주

이미 앞서 빙례聘禮에서 공에게 음식을 받았으므로 감히 사례食禮를 감당하지 못하는 것이다.[4] 爲既先受賜, 不敢當.

[公食大夫禮09 : 經－04]

빈이 관사의 문 밖으로 나가서, 사자가 수고롭게 와 준 것에 대해 배례를 한다.

賓出, 拜辱.

정현주

사자가 수고를 무릅쓰고 와서 자신을 맞이하는 것에 대해 배례를 하는 것이다. 拜使者屈辱來迎己.

[**公食大夫禮**09 : **經** – 05]

대부(사자)는 답배를 하지 않고, 명을 전한다.

大夫不答拜, 將命.

정현주

답배를 하지 않는 것은 남의 사자가 되었기 때문이다. '장將'은 전한다는 뜻과 같다. 不答拜, 爲人使也. '將'猶'致'也.

[**公食大夫禮**09 : **經** – 06]

빈은 머리를 바닥에 대면서 재배를 한다.[5]

賓再拜稽首.

정현주

명을 받는 것이다. 受命.

[**公食大夫禮**09 : **經** – 07]

대부(사자)는 돌아간다.

大夫還.

정현주

군주에게 돌아가는 것이다. 復於君.

[**公食大夫禮**09 : **經** – 08]

빈은 배례를 하지 않고 전송한 뒤, 곧바로 대부(사자)를 따라나선다.

賓不拜送, 遂從之.

정현주

'배례를 하지 않고 전송한다'(不拜送)는 것은 대부를 따라 가므로 일을 종결하지 않는 것이다. '不拜送'者, 爲從之, 不終事.

[公食大夫禮09 : 經-09]

빈은 조복朝服을 착용하고 주국主國의 대문大門(外門인 庫門) 밖에서 정해진 위치로 나아가는데, 빙례 때와 마찬가지로 한다.[6]

賓朝服卽位于大門外, 如聘.

정현주

이때 조복을 착용한다면 처음에는 현단玄端을 착용하고 있었던 것이다.[7] '빙례 때와 마찬가지로 한다'(如聘)는 것은 또한 임시 장막(次)에 들어가서 일이 갖추어지기를 기다린다는 뜻이다. 於是朝服, 則初時玄端. '如聘', 亦入于次俟.

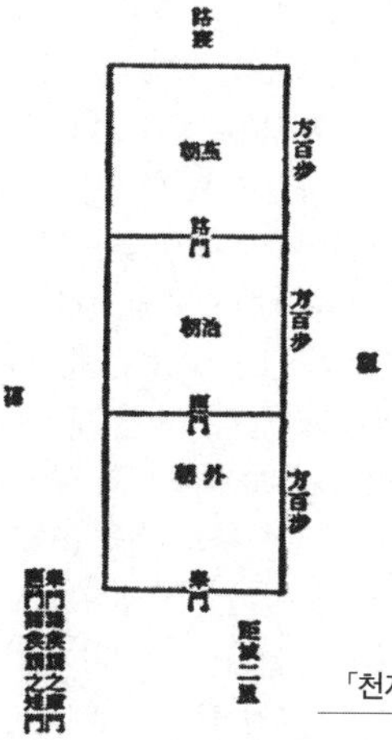

「천자제후삼문도天子諸侯三門圖」

이케다 스에토시, 『의례』

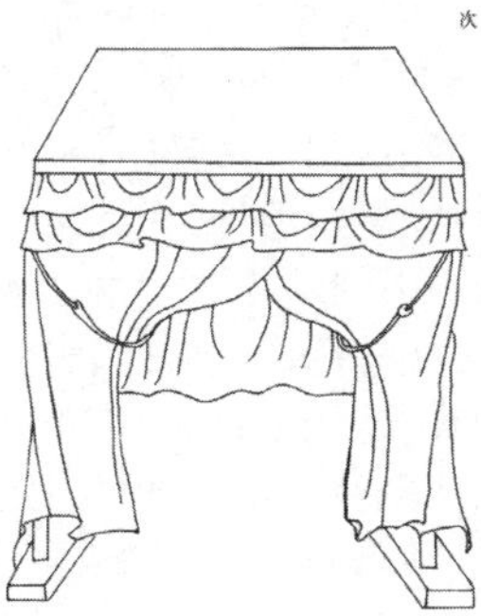

차次

황이주(淸), 『예서통고』

주

1_ 각각 빈과 ~ 보낸다 : 가공언에 따르면, 이 편에서는 子·男의 大夫를 기준으로 하지만, 五等의 諸侯가 大聘에서 卿을 사신으로 보내는 경우를 겸해서 보여 주고 있기 때문에 '각각 賓과 작위가 대등한 자를 보낸다'고 하였다. 『의례주소』, 549~550쪽 가공언의 소 참조.

2_ 상개 : 賓이 예를 행하는 것을 돕는 자로서 빈을 보좌하는 사람이다. 성대한 예에서는 上介와 衆介가 있다.

3_ 빈은 ~ 한다 : 오계공에 따르면, 食禮에서 반드시 세 번 사양을 하는 것은, 사례가 燕禮보다 중하기 때문이다. 연례의 경우에는 두 번 사양하고(再辭) 허락한다. 『의례주소』, 1186쪽 참조.

4_ 이미 ~ 것이다 : 가공언에 따르면, 빈은 聘禮에서 '聘'의 의절을 행한 날에 주군이 '죽은 희생(饔)과 살아 있는 희생(餼)'을 보내주어 이미 大禮의 음식을 받았기 때문에, 이제 또 다시 食禮를 베풀어 주는 것을 사양하는 것이다. 다만 '饔·餼'를 받을 때에는 형식상 한 번 사양하고 받았지만, 饗禮와 食禮의 음식을 보내주면 모두 세 번 사양을 해야 한다. 『의례주소』, 550쪽 참조.

5_ 바닥에 대면서 재배를 한다 : 『주례』「춘관·대축」에서는 절을 稽首, 頓首, 空手, 振動, 吉拜, 凶拜, 奇拜, 褒拜, 肅拜의 '九拜'로 분류하는데, 稽首는 이 가운데 가장 공경스러운 절이다. 정현 주에 따르면, "'稽首'는 머리가 바닥에 닿도록 절하는 것이다." (稽首, 拜頭至地也) 가공언은 소에서, 머리를 바닥에 짧게 대고 곧 들어올리는 頓首에 비해서, 稽首는 머리를 바닥에 대는 시간이 길다고 하였다.(頓首者, 爲空首之時引頭至地, 首頓地卽擧, 故名頓首. 一曰稽首, 其稽, 稽留之字, 頭至地多時, 則爲稽首也) 『주례』「춘관·대축」의 주소 참조.

6_ 빈은 ~ 한다 : 천자와 제후의 궁성 구조에 관해서는 역대로 설이 분분한데, 역대로 천자의 왕궁은 五門이고, 제후의 궁은 三門이며, 문과 문 사이에 治事 공간인 燕朝, 治朝, 外朝가 있다고 알려진다. 그러나 유창과 대진에 따르면, 천자 또한 五門의 명칭만 있을 뿐 실제는 畢門, 應門, 皐門의 三門으로서 제후의 路門, 雉門, 庫門과 구별되며, 천자의 경우 치조의 左右 공간에 宗廟와 社稷이 있다. 『의례정의』, 1274쪽 참조. 한편, [빙례08 : 經-99]에서 "빈은 피변복(皮弁)을 착용하고 聘의 예를 행하기 위해 外朝로 나아가는데, 빈은 먼저 대문(庫門) 밖의 서쪽에 설치한 임시 장막(次) 안으로 들어간다"고 하였는데, 호배휘는 정현 주의 '大門'을 '庫門'으로 해석하고, '次'는 賓을 위해 설치하는 것이므로 서쪽에 있는 것이라고 하였다. 『의례정의』 998쪽 참조. 따라서 여기서 "주국의 大門 밖에서 정해진 자리로 나아간다"고 한 것은 제후 三門 가운데 가장 바깥의 外門인 庫門 밖의 서쪽에 마련된 차로 간다는 뜻이다.

7_ 이때 ~ 것이다 : 가공언은, 「향사례」의 경우를 근거로 빈이 玄端을 착용하고 관사에서 대부를 맞이하였다가, 대부를 따라 주국의 대문 밖에 이르러, 임시 장막(次)에 들어가서 현단을 朝服으로 갈아입고 차에서 나와 자리로 나아가는 것이라고 하여, 정현 주를 부연해서 설명한다. 저인량 역시 聘禮와 같은 大禮에서는 수레에 올라탈

때 皮弁을 착용하지만, 사례는 가벼운 예이기 때문에 차 안에 들어가서 비로소 조복으로 바꾸어 입는다고 하였다.『주례』「춘관·사복」에 의하면 제후가 서로 朝聘을 할 때에는 皮弁을 갖춰 입고, 제후가 매일 조회를 볼 때에는 조복을 입는다. 피변복은 조복보다 존귀한 것으로서 빙례에 이 복장을 하는 것은 서로 존경함을 표하는 것이다. 그러나 왕사양은,「빙례」에 의하면 饔·餼의 음식을 보내 줄 때 빈은 반드시 조복을 착용하고 禮辭를 하는데, 이곳 공사대부례에서도 戒賓을 할 때 빈이 再拜稽首하여 마치 직접 주군을 대하듯이 하므로, 이때 분명 조복을 착용하고 있었음을 알 수 있다고 하면서, 처음에는 현단을 하고 있었다는 정현의 해석은 잘못이라고 비판하였다. 오계공·위협몽도 빈이 처음부터 조복을 착용한 것으로 본다.『의례주소』, 550쪽 및『의례정의』, 1187쪽 참조.

현단玄端

섭숭의(宋),『삼례도』

조복朝服(제후諸侯)

섭숭의(宋),『삼례도』

「진기도陳器圖」

(淸),『흠정의례의소』

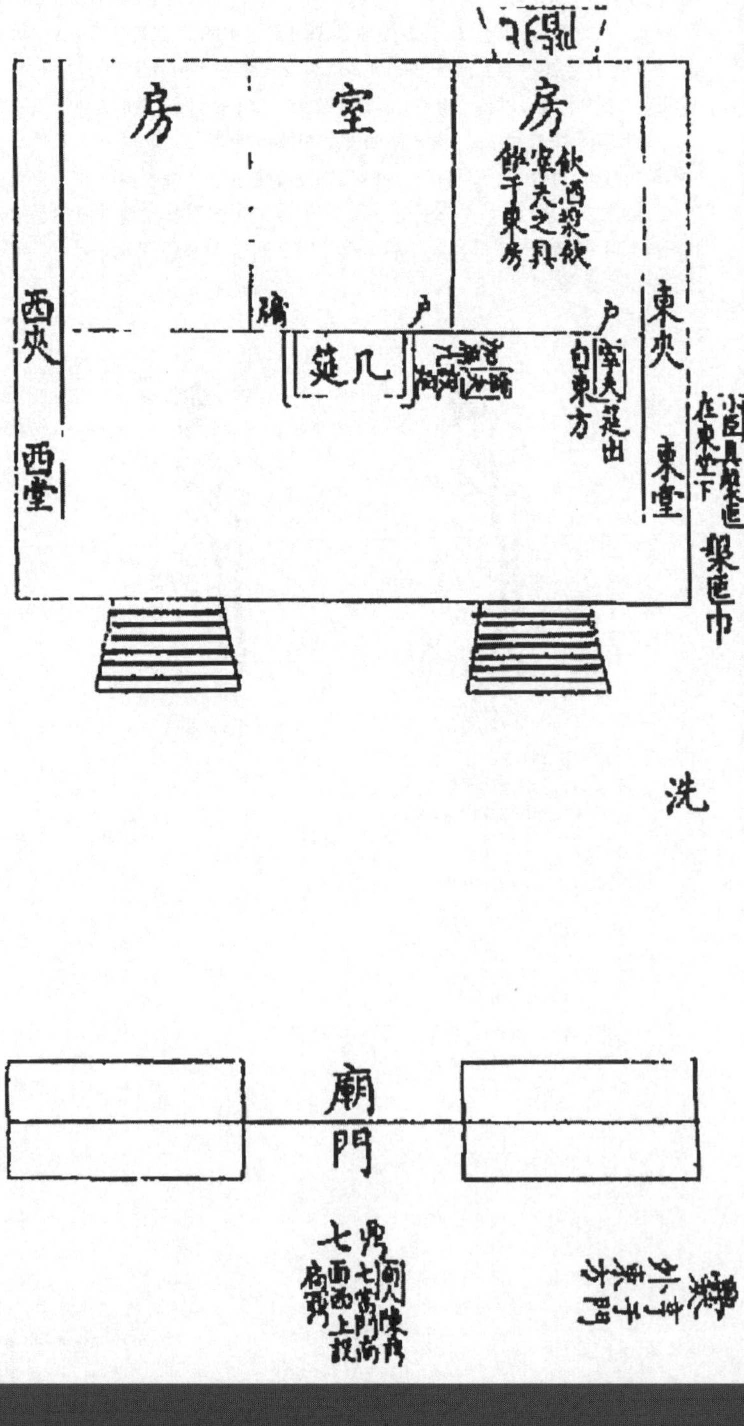

해제 經－10에서 經－18까지는 음식과 기물器物을 진설하는 절차이다.

[公食大夫禮09 : 經－10]

주인主人(公, 주국의 군주)이 정해진 위치로 나아간다. 재부宰夫[1]가 음식과 기물器物을 갖추어 놓는다.

卽位. 具.

정현주 ('자리로 나아간다'는 것은) 주인을 가리켜서 말한 것이다. 빈자擯者(예의 진행을 돕는 주인 쪽의 사람)[2]는 대문 밖에서 군주를 기다리고, 경·대부·사들도 순서대로 기다리고 있다가 재부(宰夫)가 음식과 기물을 갖추어 놓게 되면 모두 묘문(廟門) 밖에 선다. 主人也. 擯者俟君於大門外, 卿·大夫·士序, 及宰夫具其饌物, 皆於廟門之外.

[公食大夫禮09 : 經－11]

고깃국이 끓으면,

羹定,

정현주 고기를 넣고 끓인 국을 '갱羹'이라고 한다. '정定'은 '익는다'는 뜻과 같다. 그것을 차례대로 진설하는 것은 아래의 방법을 절도로 삼는다. 肉謂之'羹'. '定'猶'孰'也. 著之者, 下以爲節.

[公食大夫禮09 : 經－12]

전인甸人이 7개의 세발솥(鼎)을 진설한다. 묘문廟門과 마주하는 곳에 남쪽을 향하도록 놓는데 서쪽을 윗자리로 삼고, 가로막대(扃)[3]를 친 솥 덮개(鼏)를 진설한다. 솥 덮개는 띠풀의 밑둥을 묶거나 중간 부분을 엮어서 만든다.

甸人陳鼎七. 當門, 南面, 西上, 設扃鼏. 鼏若束若編.

정현주

7개의 세발솥(鼎)에는 1태뢰太牢를 나누어 넣는다. 전인은 총재冢宰의 속관으로, 형인亨人을 겸하는 자이다.[4] '남쪽을 향하도록 놓는데 서쪽을 윗자리로 삼는다'(南面西上)는 것은 그 세발솥이 빈을 위한 것이기 때문에, 밖에 통섭되도록 하는 것이다.[5] '경扃'은 세발솥(鼎)에 거는 가로막대로서 그것으로 세발솥을 드는 것이다. 세발솥의 솥 덮개(鼏)는 대체로 띠풀(茅)로 만드는데, 띠풀의 길이가 길면 밑둥을 묶고, 짧으면 가운데를 엮어

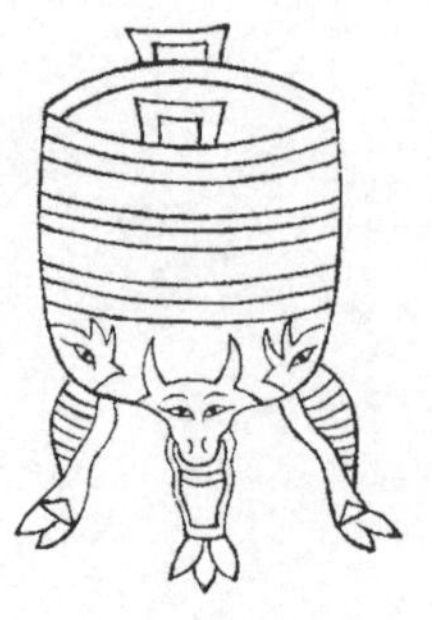

우정牛鼎

섭숭의(宋), 『삼례도』

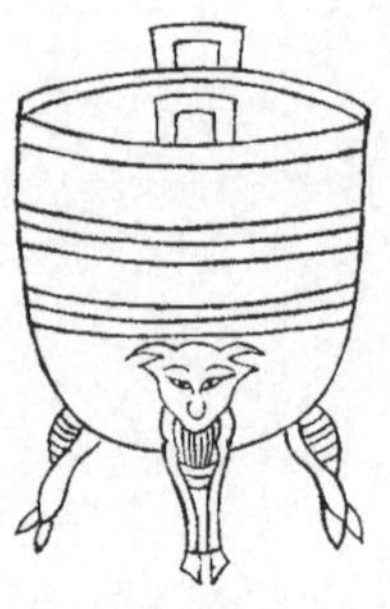

양정羊鼎

섭숭의(宋), 『삼례도』

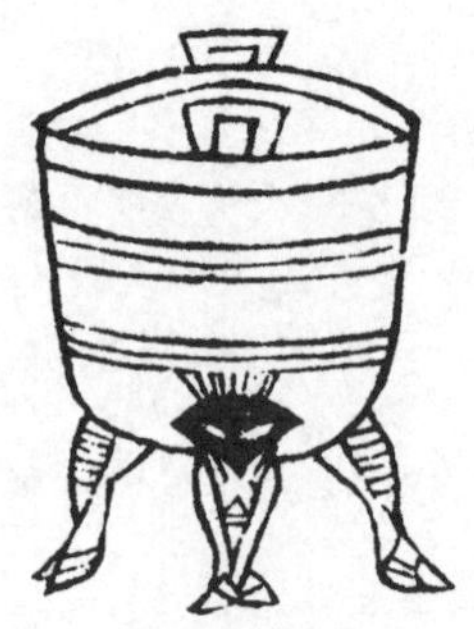

시정豕鼎

섭숭의(宋), 『삼례도』

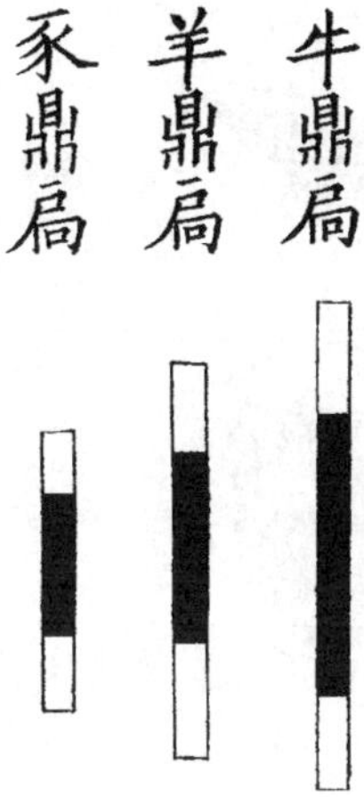

경扃
섭숭의(宋), 『삼례도』

정멱鼎冪
섭숭의(宋), 『삼례도』

서 만든다. 금문본에는 '扃'이 '鉉'으로 되어 있고, 고문본에는 '鼏'이 모두 '密'로 되어 있다. 七鼎, 一大牢也. '甸人', 冢宰之屬, 兼亨人者. '南面西上', 以其爲賓, 統於外也. '扃', 鼎扛, 所以擧之者也. 凡鼎鼏, 蓋以茅爲之, 長則束本, 短則編其中央. 今文'扃'作'鉉', 古文'鼏'皆作'密'.

[公食大夫禮09 : 經 - 13]
물받이 항아리(洗)[6]를 진설하는데, 향례饗禮의 경우와 같은 방식으로 한다.
設洗如饗.

정현주 반드시 향례의 경우와 같은 방식으로 하는 것은 향례의 의절을 먼저 행한 후에 사례의 의절을 행하므로 가장 가까운 때에 진설한 방식과 같게 하는 것이다.[7] 오늘날 향례는 망실되었는데, 「연례」의 경우에는

세洗
섭숭의(宋), 『삼례도』

세뢰洗罍
섭숭의(宋), 『삼례도』

관반盥盤(槃)
섭숭의(宋), 『삼례도』

이匜
섭숭의(宋), 『삼례도』

물받이 항아리(洗)를 조계의 동남쪽에 설치한다. 고문본에는 '饗'이 '鄕'으로 되어 있는 경우도 있다. 必如饗者, 先饗後食, 如其近者也. 饗禮亡, 「燕禮」則設洗於阼階東南. 古文'饗'或作'鄕'.

[**公食大夫禮**09 : **經** – 14]

소신小臣은 동당東堂의 아래에 물받이그릇(槃)과 물주전자(匜)를 갖추어 놓는다.

小臣具槃匜, 在東堂下.

정현주

공公이 손을 씻을 수 있도록 갖추어 놓는 것이다. 공은 존귀하므로 물받이 항아리(洗)가 있는 곳으로 나아가지 않는다. 소신은 소빈객小賓客을 위한 향례와 사례에서 군주의 복식과 위치를 바르게 하는 것을 담당한다. 爲公盥也. 公尊, 不就洗. 小臣於小賓客饗·食, 掌正君服位.

[公食大夫禮09 : 經 – 15]

재부는 자리(筵)를 진설하고, 그 위에 자리(席)를 포개어 깔고[8] 또 그 위에 안석(几)을 더하여 놓는다.

宰夫設筵, 加席·几.

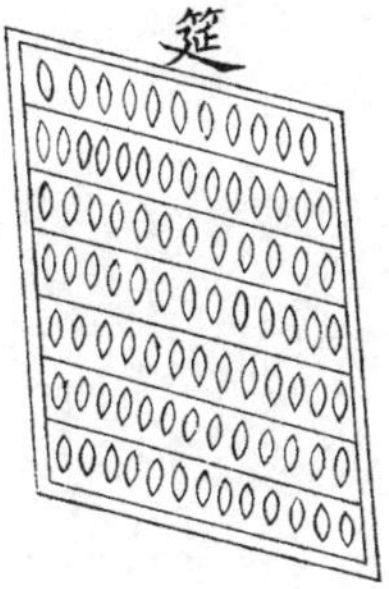

연筵

섭숭의(宋),『삼례도』

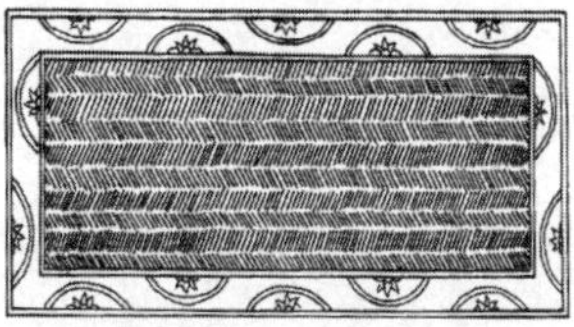

석席

황이주(淸),『예서통고』

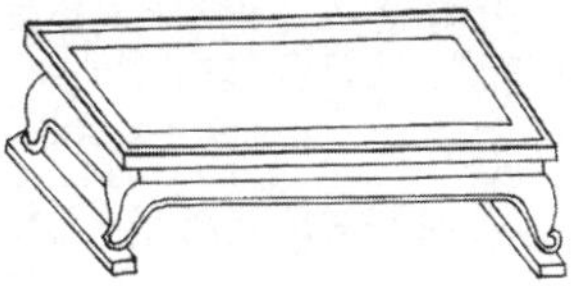

궤几

황이주(淸),『예서통고』

정현주 실문(室戶)의 서쪽에 자리(筵)를 진설하는데 자리의 머리 부분이 남쪽을 향하도록 하고, 안석(几)을 왼쪽에 놓는다. 공(公)이 빈이 이르렀을 때 안석을 주지 않는 것은, 몸소 고기국물(湆)과 장(醬)을 진설하므로, 이 절차를 생략할 수 있는 것이다. 設筵於戶西, 南面而左几. 公不賓至授几者, 親設湆醬, 可以略此.

[公食大夫禮09 : 經 – 16]

술동이(尊)를 진설하지 않는다.

無尊.

정현주 식사하는 것에 주안점이 있으므로, 술을 따라 주어 헌(獻)의 예를 행하거나 술을 권하여 수(酬)의 예를 행하지 않기 때문이다. 主於食, 不獻酬.

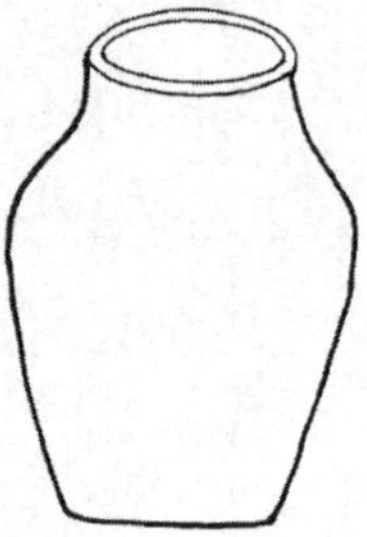

대준大尊

황이주(淸), 『예서통고』

[公食大夫禮09 : 經－17]

마시는 술과 마시는 음료는 동방東房에 대기해 놓는다.

飮酒·漿飮, 俟于東房.

정현주 '마시는 술'(飮酒)은 청주淸酒를 가리킨다. '마시는 음료'(漿飮)는 입가심하는 음료(截漿)[9]를 가리킨다. 술잔 받침대(豊)[10] 위에 놓기를 기다리는 것이다. '음주飮酒'에서 먼저 '마신다'(飮)고 말한 것은 주고받는 술이 아님을 밝힌 것이다. '장음漿飮'에서 먼저 '장漿'이라고 말한 것은 6가지 음료(六飮)[11]와 구별한 것이다. '飮酒', 淸酒也. '漿飮', 截漿也. 其俟奠於豊上也. '飮酒'先言'飮', 明非獻酬之酒也. '漿飮'先言'漿', 別於六飮也.

[公食大夫禮09 : 經－18]

대체로 재부가 갖추어 놓는 음식과 기물들은 동방東房에 차려 놓는다.

凡宰夫之具, 饌于東房.

정현주 '대체로'(凡)라고 한 것은 모두 같지는 않기 때문이다. 음식과 기물들을 갖추는 것은 재부가 관장한다. 청주(酒)와 음료(漿)는 '대체로'라고 한 것에 포함되지 않는다. 비록 '술동이는 진설하지 않는다'(無尊)고 말했어도, 여전히 당(堂)에 진설한다는 혐의가 있을 수 있기 때문이다.[12] '凡', 非一也. 飮食之具, 宰夫所掌也. 酒·漿不在凡中者. 雖'無尊', 猶嫌在堂.

주

1_ 재부 : 『의례석관』에 따르면 宰夫는 賓客의 음식과 진설을 담당하는 사람이다. 『의례정의』, 1191쪽 참조. 참고로, 『주례』에는 천자의 관직명으로서 2개의 재부가 있는데, 「천관·宰夫」에서의 재부는, 天官 太宰의 속관으로, 治朝의 법을 관장하고 王과 三公·六卿·大夫·群吏의 위치를 바로잡으며 그 禁令을 관장한다. 下大夫이다. 이와 별개로 「천관·膳夫」에서의 재부는, 천관 冢宰의 속관으로, 왕과 왕후 등의 음식과 반찬을 관장하며, 膳夫라고도 칭한다. 上士이다.

2_ 빈자 : 천자나 제후가 나가서 賓을 접대하도록 시킨 자를 擯者라고 한다. 大夫와 士의 예에서도 빈자가 있다. 『주례』「추관·司儀」의 "사의는 九儀(公·侯·伯·子·男·公·卿·大夫·士)의 賓客과 擯相의 예를 관장한다"(司儀掌九儀之賓客擯相之禮)에 대한 정현 주, "나가서 빈객을 접대하는 것을 擯이라 하고, 들어와서 예를 돕는 것을 相이라 한다"(出接賓曰擯, 入贊禮曰相)를 참조.

3_ 가로막대 : 세발솥(鼎)의 양 귀를 관통하는 막대로서, 세발솥을 들 때에 사용한다. 본래 글자는 '鼏'이며, '鉉'으로도 쓴다. 『說文』「鼎部」에 "鼏은 나무로 정의 귀를 가로로 관통하여 드는 것이다. 鼎을 따르고, 冖이 발음을 나타낸다"라고 하였다. 『예기』「곡례상」에 "문으로 들어갈 때 빗장을 받들 듯이 한다"(入戶奉扃)고 한 것에 대해 공영달은 "禮에 鼎扃이 있는데, 세발솥(鼎)에 빗장을 치는 도구이다. 오늘날 문에 빗장을 치는 나무가 정에 빗장을 치는 것과 서로 유사하기 때문에 또한 扃으로 칭하게 되었다"고 하였다. 공영달에 따르면 '鼎扃'은 세발솥(鼎)을 드는 용도 이외에 세발솥에 빗장을 치는 데에도 사용한다고 한다. 『三禮辭典』, 555쪽 참조.

4_ 전인은 ~ 자이다 : 甸人은 田野의 일을 담당하는 관리로서, 燕禮의 정현 주에 의하면 땔감 공급을 관장하는 자이다. 『주례』「천관」에 의하면 甸師는 땔감을 공급하여 음식을 익히고 조리하는 일에 종사하는 관리를 가리킨다. 가공언은 소에서, 天子의 경우는 甸師가 음식 익히는 일을 관장하는 亨人을 겸하고, 諸侯의 경우는 甸人이 亨人을 겸한다고 하였다. 『의례주소』, 551쪽 참조.

5_ '남쪽을 ~ 것이다 : 일반적으로 鼎이 문 밖에 진설될 때, 대부분은 북쪽을 향해서 북쪽을 윗자리로 삼아 진설되는데, 여기서 남쪽을 향해서 서쪽을 윗자리로 삼아 진설된 것은, 이 鼎이 賓을 위해서 진설된 것이기 때문이다. 빈이 문 밖의 서쪽에 있으므로, 鼎도 밖에 통섭되도록 한 것이다. 『의례정의』, 1288쪽 참조.

6_ 물받이 항아리 : 손이나 술잔을 씻고 난 후 버리는 물을 받는 기구. 시종하는 사람이 구기(枓)를 이용하여 미리 물을 담아 둔 물 항아리(罍)에서 물을 따라 부어 주면, 손이나 술잔을 씻는 사람은 그 물로 손이나 술잔을 씻은 후 그 물을 버리는데, 이 버리는 물을 받는 기구를 '洗'라고 한다.

7_ 반드시 ~ 것이다 : 賓을 접대하는 의절로는 饗禮, 食禮, 燕禮가 있는데, 향례와 사례는 전후로 함께 거행된다. 현재 향례의 기록은 망실되어 없다. [빙례08 : 經-322]의 "주군은 빈에게 한 차례 사례를 베풀어 주고, 두 차례 향례를 베풀어 준다(公於賓, 壹食, 再饗)"에 대한 정현 주에서, "'향'은 소·양·돼지의 大牢를 익혀서 빈에게

술을 마시게 하는 것을 말한다. 「공사대부례」에서 '물받이 항아리를 진설하는데, 향례의 경우와 마찬가지로 한다'고 하였다. 그렇다면 향례와 사례는 서로 앞뒤로 거행되는 것이다"('饗'謂亨大牢以飮賓也. 「公食大夫禮」曰, "設洗如饗." 饗與食互相先後也) 라고 하였고, [빙례08 : 經-327]에서 "대부는 빈에게 한 차례 향례를 베풀어 주고 한 차례 사례를 베풀어 준다"(大夫於賓, 壹饗, 壹食)고 하였다. 저인량의 정리에 따르면, 향례는 사례보다 중하고 사례는 연례보다 중하다. 향례는 공경함을 위주로 하고 연례는 즐거워함을 위주로 하고 사례는 이것으로 현자를 봉양하는 예를 밝힌다. 향례에서는 희생고기와 안주를 올리지만 먹지 않고, 술잔을 가득 채우지만 마시지 않고, 안석을 진설하지만 기대지 않음으로써 엄숙함과 공경함을 다한다. 사례는 밥을 위주로 하여, 비록 술과 음료수를 진설하지만 그것으로 입가심만 하고 마시지는 않으므로, 술을 올리는 '獻'의 절차가 없다. 연례는 술 마시는 것을 위주로 하여, 비록 희생의 고기를 진설하지만 밥은 없으며, 一獻의 예를 행한 뒤에는 신을 벗고 당 위로 올라가 앉아서 기쁨을 다한다. 향례과 사례는 廟에서 거행하고, 연례는 寢에서 거행한다. 『의례정의』, 665~666쪽 참조.

8_ 자리를 진설하고 ~ 깔고 : '筵'과 '席'은 散文 즉 각각 다른 문장에서 나올 때는 서로 통용되지만, 對文 즉 같은 문장에서 대비되어 사용될 때에는 '蒲筵'(부들자리)와 '萑席'(가는 갈대자리)으로 구별된다. 이 경우에 '筵'은 땅바닥에 펼쳐 놓은 것을 말하고, '席'은 그 위에 포개어 펼쳐 놓은 것을 말하는데, '筵'은 크고, '席'은 작다. 『주례』「춘관·종백」의 정현 주에 "'筵'은 또한 '席'이다. 펼쳐서 진설하는 것을 '筵'이라고 하고, 그 위에 까는 것을 '席'이라 한다. 그러나 그것을 말할 때 '筵' '席'은 통용되기도 한다"(鋪陳曰筵, 藉之曰席. 然其言之, 筵席·通矣)고 하였다. 가공언 소에서는 '筵'과 '席'은 구체적 기물이 아니라 까는 순서에 따른 명칭으로 보고, "먼저 진설하는 것을 모두 '筵'이라고 하고, 후에 그 위에 덮는 것을 '席'이라고 한다. 가령 하나의 席이 땅에 깔려 있으면 그것을 또한 '筵'이라고 한다"고 하였다. 『예서통고』, 2527쪽 및 『주례』「춘관·종백」의 주소 참조.

9_ 입가심하는 음료 : 『주례』「천관·주정」에서 "세 번째가 漿이다"(三曰漿)라고 한 것에 대해 정현은 '漿'은 한대 당시의 '截漿'이라고 하였는데,(漿, 今之截漿也) 가공언은 이 '漿' 또한 술과 같은 종류라고 하였다.(此漿亦是酒類) 호배휘는 '입가심을 하기 위한 것'(酳口)이라고 하였다. 『의례정의』, 1190쪽 참조.

10_ 술잔 받침대 : 술잔(觶)이나 술동이(尊) 등을 받치는 禮器로, 형태는 豆와 같은데 높이가 낮다. 아래 經-65의 그림과 정현 주 참조.

11_ 6가지 음료 : 六飮은 『주례』「漿人」에 나오는 왕에게 바치는 여섯 가지 음료로서, 이 가운데 '漿'은 두 번째에 속한다.(共王之六飮, 水·漿·醴·涼·醫·酏) 가공언은 소에서 여섯 가지 음료는 본래 갈증을 위해서 마시는 것인데, 여기서의 '漿'은 입가심을 하기 위해서 마시는 것이라고 설명한다. 『주례』「천관·장인」의 주소 참조.

12_ 비록 ~ 때문이다 : 호배휘에 따르면, 청주(酒)와 음료(漿) 또한 갖추어야 할 음식

인데, 위의 [經-17]에서 특별히 "동방(東房)에 대기해 놓는다"(俟于東房)고 하여 '대체로'의 가운데에 포함시키지 않은 것은, 비록 [經-16]에서 "술동이(尊)를 진설하지 않는다"고 하였지만 여전히 청주(酒)와 음료(漿)를 堂에 진설하는 것으로 오해될까 우려하여 특별히 말한 것이다. 『의례정의』, 1191쪽 참조.

「영빈즉위도迎賓卽位圖」

(淸),『欽定儀禮義疏』

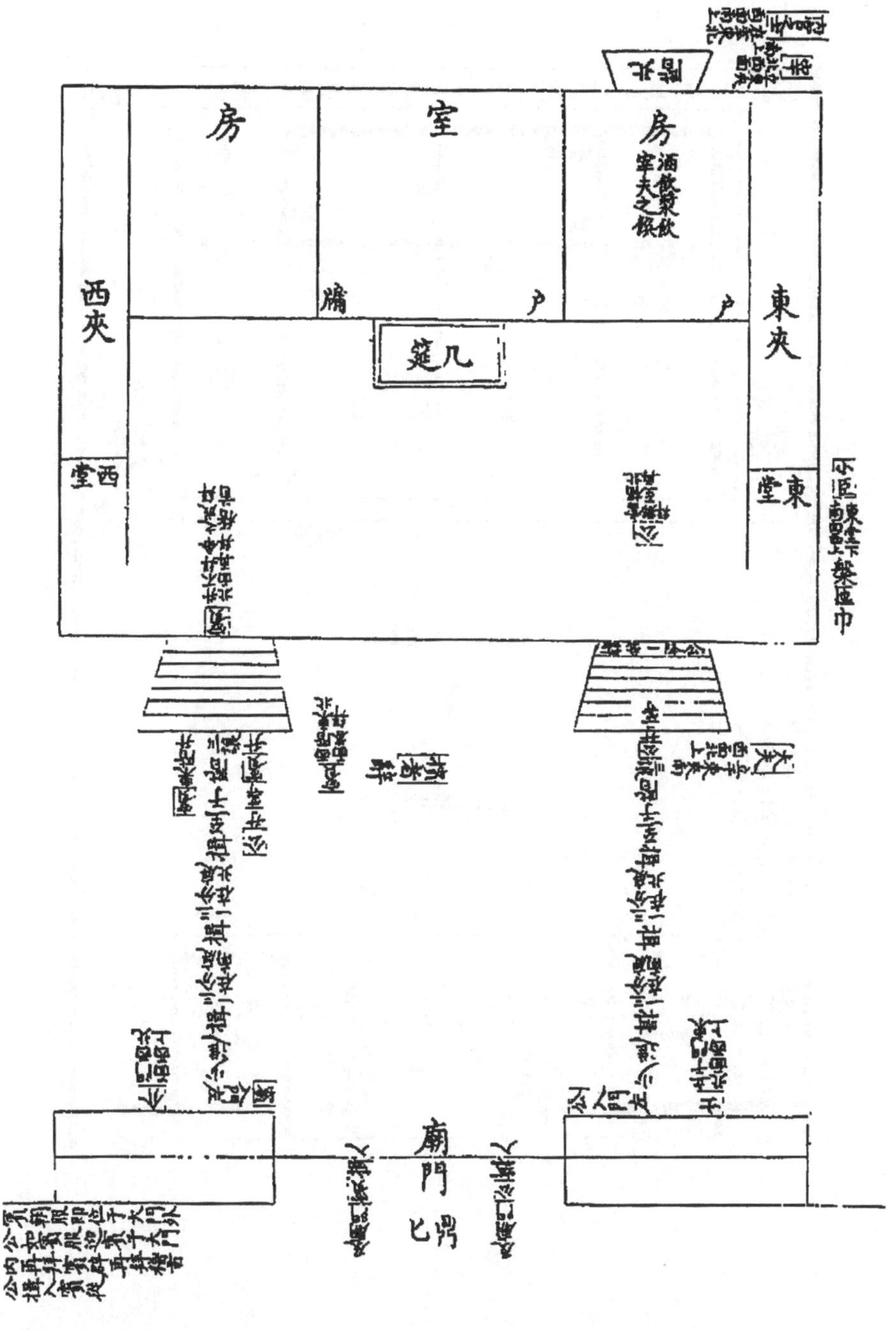

「묘제도廟制圖」

황이주(清), 『예서통고』

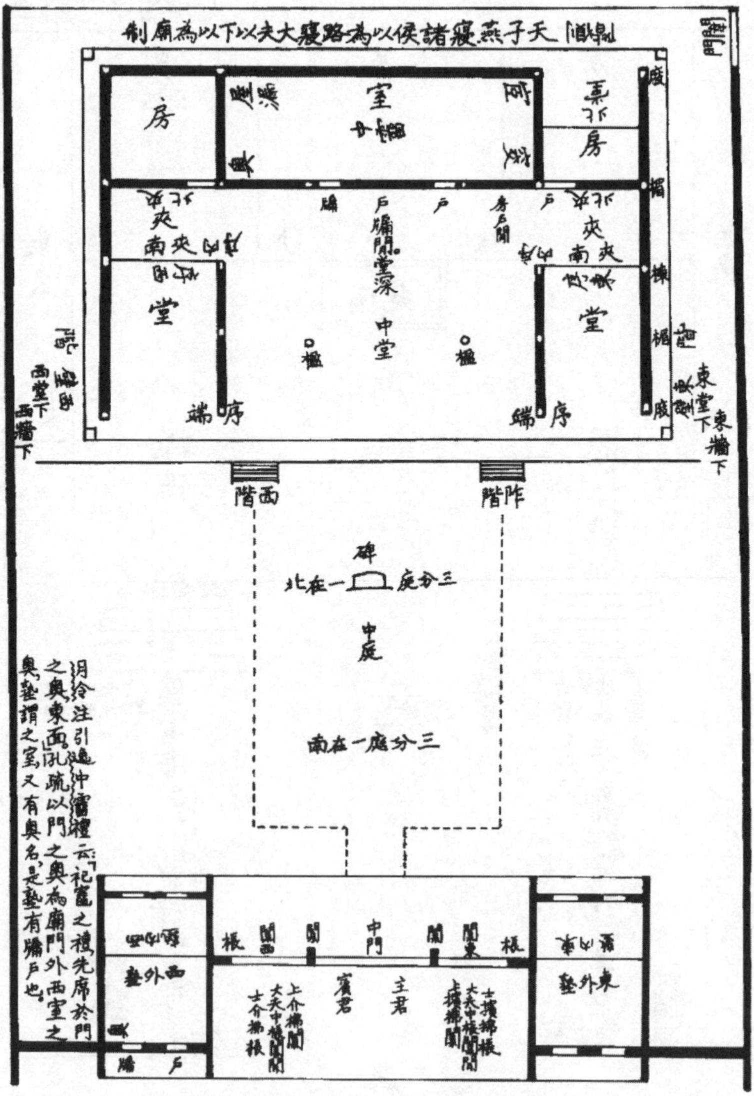

해제 經－19에서 經－37까지는 빈이 대문에 들어가서 배례하고 묘에 이르는 절차이다.

[公食大夫禮09 : 經－19]

공은 빈과 같은 복식(조복)을 갖추고 대문大門 안에서 빈을 맞이한다.

公如賓服, 迎賓于大門內.

정현주 대문을 나가지 않는 것은 국군國君을 맞이하는 경우보다 예를 낮추는 것이다.[1] 不出大門, 降於國君.

[公食大夫禮09 : 經－20]

대부大夫(상빈)는 빈을 인도하여 맞아들인다.

大夫納賓.

정현주 '대부大夫'는 상빈上儐을 말한다. 공의 명에 따라 빈을 인도하여 맞아들이는 것이다. '大夫'謂上擯也. 納賓以公命.

[公食大夫禮09 : 經－21]

빈이 대문으로 들어가서 왼쪽으로 나아가면, 공은 재배를 한다.

빈은 뒷걸음질하여 피한 후에 머리를 바닥에 대면서 재배를 한다.
賓入門左, 公再拜. 賓辟, 再拜稽首.

정현주 '왼쪽'(左)은 서쪽 방향이니, 빈의 위치이다. '피辟'는 뒷걸음질하여 피하는 것으로, 군주의 배례를 감당할 수 없기 때문이다. '左', 西方, 賓位也. '辟', 逡遁, 不敢當君拜也.

[公食大夫禮09 : 經－22]
공이 읍揖[2]을 하고 치문雉門[3]으로 들어가면, 빈은 뒤를 따른다.
公揖入, 賓從.

정현주 읍揖을 하면서 들어가는 것은, 빈을 인도하는 것이다. 揖入, 道之.

[公食大夫禮09 : 經－23]
묘문廟門에 이르면, 공이 읍을 하고 들어간다.
及廟門, 公揖入.

정현주 '묘廟'는 녜묘禰廟(아버지의 사당)를 가리킨다.[4] '廟', 禰廟也.

[公食大夫禮09：經－24]

빈은 묘문에 들어가면, 공과 더불어 세 번 읍을 한다.[5]

賓入, 三揖.

정현주 꺾어지는 곳마다 읍을 하고, 비碑[6]를 마주하는 곳에 이르러 읍을 한다. 서로 친애하고 공경하는 것이다. 每曲揖, 及當碑揖. 相人偶.

[公食大夫禮09：經－25]

계단에 이르면 세 차례 양보를 한다.

至于階, 三讓.

정현주 먼저 당堂에 오르도록 양보하는 것이다. 讓先升.

[公食大夫禮09：經－26]

공이 두 계단을 올라가면, 빈은 이에 따라 올라간다.

公升二等, 賓升.

정현주 군주보다 멀찌감치 아래에 있는 것이다. 遠下人君.

[公食大夫禮09：經－27]

대부大夫(주국의 경·대부)들은 동협東夾의 남쪽 방향[7]에서 서쪽을 향해 서는데, 북쪽을 윗자리로 삼는다.

大夫立于東夾南, 西面, 北上.

정현주

'동협의 남쪽 방향'(東夾南)은 동쪽과 서쪽의 중앙 지점이다. 동협에서 중앙 지점을 취한 것은 당에서 동쪽 방향에 있음을 밝힌 것이다.[8] '東夾南', 東西節也. 取節於夾, 明東於堂.

[公食大夫禮09 : 經-28]

사士들은 묘문의 동쪽에 서서 북쪽을 향하는데, 서쪽을 윗자리로 삼는다.

士立于門東, 北面, 西上.

정현주

문 쪽으로 통섭되는 것은 사士의 바른 위치가 아니다. 빈의 자리인 서쪽을 피하여 여기에 있는 것이다.[9] 統於門者, 非其正位. 辟賓在此.

[公食大夫禮09 : 經-29]

소신小臣들은 동당東堂 아래에서 남쪽을 향하여 서는데, 서쪽을 윗자리로 삼는다. 재宰들은 동협의 북쪽에서 서쪽을 향하여 서는데, 남쪽을 윗자리로 삼는다.

小臣, 東堂下, 南面, 西上. 宰, 東夾北, 西面, 南上.

정현주

'재宰'는 재부宰夫의 속관이다. 고문본에는 '南上'이라는 글자가 없다. '宰', 宰夫之屬也. 古文無'南上'.

[公食大夫禮09 : 經 – 30]

내관內官의 사士들은 재宰의 동북쪽에서 서쪽을 향하여 서는데, 남쪽을 윗자리로 삼는다.

內官之士, 在宰東北, 西面, 南上.

정현주

부인夫人의 관리들은 내재內宰의 속관이다. 경·대부에서 이들에 이르기까지, 먼저 자리에 나아가지 않고 군주를 따라서 들어가는 것은, 군주의 향례와 사례를 도와서 빈이 스스로 하는 일이 없음을 밝히는 것이다. 夫人之官, 內宰之屬也. 自卿·大夫至此, 不先卽位, 從君而入者, 明助君饗·食, 賓自無事.

[公食大夫禮09 : 經 – 31]

개介(빈이 예를 행하는 것을 돕는 사람)들은 묘문의 서쪽에서 북쪽을 향해 서는데, 서쪽을 윗자리로 삼는다.

介, 門西, 北面, 西上.

정현주

'서쪽을 윗자리로 삼는다'(西上)는 것은 스스로 빈 쪽으로 통섭된다는 뜻이다. 그렇다면 승빈承擯(상빈을 돕는 사람)[10] 이하는 사士의 서쪽에서 조금 나아가 서 있게 되는데, 동쪽을 윗자리로 삼는다. '西上', 自統於賓也. 然則承擯以下, 立於士西, 少進東上.

[公食大夫禮09 : 經－32]

공은 당의 앞쪽 들보(楣)[11]를 마주보는 곳에서 북쪽을 향하여 서는데, 빈이 서쪽 계단 위쪽에 이르면 배례를 한다. 빈이 내려가면 공은 재배를 한다.

公當楣北鄕, 至再拜.[12] 賓降也, 公再拜.

정현주

'미楣'는 들보(梁)이다. '이르면 배례를 한다'(至再拜)는 것은 예를 다해 빈을 기다리는 것이니, 빈이 오는 것을 아름답게 여기는 것이다. 공이 재배를 하는 것은 빈이 내려가기 때문이다. '楣'謂之梁. '至再拜'者, 興禮俟賓, 嘉其來也. 公再拜, 賓降矣.

[公食大夫禮09 : 經－33]

빈은 서쪽 계단 아래의 동쪽에서 북쪽을 향하여 답배를 한다.

賓西階東, 北面答拜.

정현주

'서쪽 계단 아래의 동쪽'(西階東)[13]은 주군主君(주국의 군주)에게 약간 나아가는 것이니, 공경함을 표하는 것이다. '西階東', 少就主君, 敬也.

[公食大夫禮09 : 經－34]

빈자擯者(예의 진행을 돕는 주인 쪽의 사람)가 사양을 하지만,

擯者辭,

정현주

당堂 아래에서 배례하는 것을 사양하는 것이다. 辭拜於下.

[公食大夫禮09 : 經－35]

빈은 배례를 한다. 공은 한 계단을 내려오고, 빈자는 사양하면서 "우리 군주께서 그대를 따라 내려오셨으니, 비록 배례를 하려고 하셨더라도 일어나십시오"라고 말한다.

拜也. 公降一等, 辭曰, "寡君從子, 雖將拜, 興也."

정현주

빈이 내려와서 재배를 하면 공이 내려오고 빈자가 사양하는 말을 전한다. 빈은 그래도 당에서 내려와 머리를 바닥에 대면서 재배하는 예를 마친다. '흥興'은 일어난다는 뜻이다. 賓降再拜, 公降, 擯者釋辭矣. 賓猶降, 終其再拜稽首. '興', 起也.

[公食大夫禮09 : 經－36]

빈은 한 발로 한 층씩 계단을 밟고 올라가는데, 배례는 하지 않는다.

賓栗階升, 不拜.

정현주

스스로 이미 배례했기 때문이다. '율栗'은 빠르다는 뜻이다.[14] 앞발을 계단에 올리고 뒷발을 이어서 올려 나란히 모아 서로 연이어 내딛지 않고,[15] 주국主國 군주의 명을 신속히 좇는 것이다. 앞발을 계단에 올리고 뒷발을 이어서 올려 나란히 모으지 않고 내려가는 것을 '착辵'이라고 한다. 自以已拜也. '栗', 蹇栗也. 不拾級連步, 趨主國君之命. 不拾級而下曰'辵'.

[公食大夫禮09 : 經－37]

공이 명하여 배례를 완성하도록 하면, 빈은 서쪽 계단 위쪽에서 북쪽을 향하여 머리를 바닥에 대면서 재배를 한다.

命之, 成拜, 階上北面再拜稽首.

정현주

빈이 계단을 내려가서 배례하는 것을 주군이 사양하였으므로, 빈이 비록 배례를 마쳤어도 주군의 뜻에는 오히려 예를 이루지 않은 것으로 여기는 것이다. 賓降拜, 主君辭之, 賓雖終拜, 於主君之意猶爲不成.

주

1_ 대문을 ~ 것이다 : 國君이 來朝해 왔을 경우, 公은 대문 밖으로 나아가서 맞이한다. 능정감은『禮經釋例』에서 "무릇 주인이 빈을 맞이할 때, 주인이 尊者인 경우에는 대문 안에서 맞이한다"라고 하였다.『의례정의』, 1191쪽 참조.

2_ 읍 : '揖'은 拱手, 즉 손을 겹쳐 모으고, 바깥쪽으로 밀어내어 예를 표하는 것이다.

3_ 치문 : 가장 바깥문인 大門, 즉 庫門을 지나서 中門인 雉門으로 들어가는 상황이다. 유창과 대진은, 천자 또한 五門의 명칭만 있을 뿐 실제는 畢門, 應門, 皐門의 三門으로서, 제후의 路門, 雉門, 庫門과 구별되며, 천자의 경우 치조의 左右 공간에 宗廟와 社稷이 있다고 본다.『의례정의』, 1274쪽 참조.「빙례」에서 가공언은 제후의 三門을 路門, 應門, 皐門으로 본다. 應門이 中門이 되고, 왼쪽에 宗廟가 있으며, 오른쪽에 社稷이 있는데, 大門(고문) 안으로 들어가 동쪽으로 가면 廟門까지 이르게 되며 그 사이에 문들이 있다는 것이다. 그러나 金鶚도 제후의 삼문은 路門, 雉門, 庫門으로서, 庫門이 大門이 되고, 雉門이 中門이 되며, 廟는 中門 안에 있는 것으로 해석하였다. 호배휘도 金鶚의 설을 따라서, 주국의 군주가 庫門 안에서 賓을 맞이하면 賓은 庫門으로 들어가고, 군주가 배례를 하면 빈은 자리를 피하며, 이에 군주가 읍을 하여 북쪽으로 가서 雉門 안으로 들어가게 하고, 치문으로 들어간 후에 군주는 또 읍을 하여 가면서 廟門에 이른다고 본다.『의례정의』 1006~1007쪽 참조.

4_ '묘'는 ~ 가리킨다 : 가공언에 따르면,『儀禮』에서 단지 '廟'라고만 말하면 모두 '禰廟'를 가리키며, 禰廟가 아닌 경우에는 '廟祧'라고 하였다. 다만 聘禮를 받을 때에는 祖廟에서 하고, 食禮와 饗禮는 禰廟에서 하며, 燕禮는 사례나 향례보다 가볍기 때문에 寢에서 한다.『의례주소』, 554쪽 참조.

5_ 세 번 읍을 한다 : [빙례08 : 經-116]의 정현 주에서는 廟門에 들어가서 꺾어지려고 할 때, 꺾어진 후에 북쪽을 향할 때, 碑에 이르렀을 때 등 세 번의 읍을 한다고 하였다.(入門將曲, 揖, 旣曲北面, 又揖, 當碑揖)

6_ 비 : 堂下에서 廟門에 이르는 곳이 뜰(庭)인데, 이 뜰을 3등분하여 북쪽에 돌로 만든 '碑'를 세운다. 이것으로 해 그림자를 관측해서 시간을 계산하거나 희생을 매다는 데에 이용한다. 황이주의『禮書通考』'廟制圖' 참조.

7_ 동협의 남쪽 방향: 호배휘에 따르면, 廟寢의 제도에는 모두 '東夾'과 '西夾'이 있다. 東夾은 堂의 東序의 동쪽에 있고, 序夾은 堂의 西序의 서쪽에 있으며, 東夾의 북쪽이 '東房'이고, 西夾의 북쪽이 '西房'이다. 東房과 西房 사이에 墉이 있어 두 방을 가로막아 서로 통하지 못하게 한다. 東夾과 西夾은 각각 '東箱'과 '西箱'이라고도 칭한다. 따라서 '東夾의 앞'은 곧 '東堂'이 되므로, '東箱'은 '東夾'이라고 본다.『의례정의』, 1331쪽 참조. 정현은 [공사대부

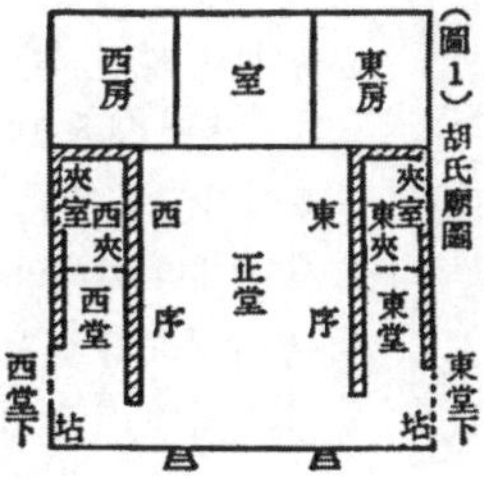

호배휘의 묘도廟圖

이케다 스에토시,『의례』

례09 : 經-97]의 주와 「근례」 記文의 주에서 모두 '東箱'을 '東夾之前'이라 하였다. 동협의 앞에서 일을 기다리는 곳으로 보는 것이다.

8_ 동협에서 ~ 것이다 : 호배휘는 東序의 서쪽은 正堂이고, 東序의 동쪽은 東夾이다. 따라서 지금 東夾의 남쪽에 서 있다는 것은 正堂의 동쪽 방향이 된다. 『의례정의』, 1193쪽 참조.

9_ 문 쪽으로 통섭되는 ~ 것이다 : 「燕禮」와 「大射」에서 士들은 문의 서쪽에 서서 동쪽을 향하여 북쪽을 윗자리로 삼기 때문에 문 쪽으로 통섭되지 않는다. 이곳에서는 문의 동쪽에 서서 북쪽을 향하여 서쪽을 윗자리로 삼기 때문에 문 쪽으로 통섭된다. 이는 빈이 문의 서쪽에 있기 때문에 빈을 피하여 이곳에 있는 것이지, 사의 正位가 아니니다. 문의 동쪽에서 북쪽을 향하면 당연히 동쪽으로 군주에게 통섭되는 것이다. 『의례주소』, 554쪽 가공언의 소 참조.

10_ 승빈 : 上擯을 돕는 자로 大夫가 담당한다. [빙례08 : 經-101]에서 "주군(主君 : 빙문을 받는 나라의 군주)은 경을 상빈(上擯)으로 삼고, 대부를 승빈(承擯)으로 삼고, 사를 소빈(紹擯)으로 삼는다"(卿爲上擯, 大夫爲承擯, 士爲紹擯)고 하였다. 『예기』 「빙의」에서도 "卿을 上擯으로 삼고, 대부를 承擯으로 삼고, 士를 紹擯으로 삼는다"(卿爲上擯, 大夫爲承擯, 士爲紹擯)고 한 것에 대해, 공영달은 "主國의 卿은 上擯이 되어 빈을 영접한다. 대부로서 承擯이 된 자는 上擯을 보좌한다"(主國之卿爲上擯, 接迎於賓. 大夫爲承擯者, 承副上擯也)고 하였다.

11_ 당의 앞쪽 들보 : 五架의 지붕(屋)에서, 정중앙을 마룻대(棟), 그 다음을 당의 앞쪽 들보(楣), 맨 앞부분을 상인방(庪)이라고 한다. 「鄕飮酒禮」의 "賓은 서쪽 계단 위쪽의 楣를 마주하는 곳에서 북쪽을 향해 답배를 한다"(賓西階上當楣, 北面答拜)고 한 것에 대해서 정현은 "'楣'는 堂의 앞쪽 들보를 가리킨다"(楣, 前梁也)라고 하였다.

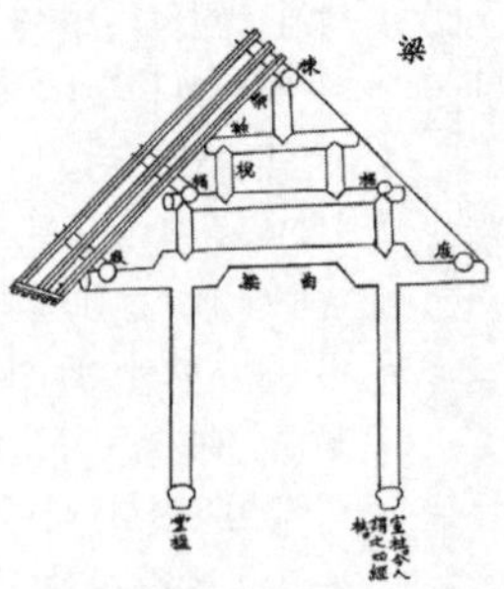

오가지옥五架之屋

황이주(淸), 『예서통고』

12_ 至再拜 : 왕인지는 『經義述聞』에서 '至再拜'의 '再'는 '壹'의 잘못이라고 하였다. 그는 '至一拜'의 뜻을 빈이 계단 위쪽에 이르면 공이 한 번 배례하는 것으로 해석한다. 호배휘도 왕인지의 설을 따른다. 『의례정의』, 1196~1197쪽 참조.

13_ 서쪽 계단 아래의 동쪽 : 경문의 "西階東"(서쪽 계단의 동쪽)은 정확히는 "서쪽 계단 아래의 동쪽"을 가리킨다. 군주가 동쪽에 있는데 빈이 서쪽 계단 앞에서가 아니라 서쪽 계단 아래의 동쪽에서 배례를 하므로 주군에게 약간 나아가는 형태가

된다. 가공언도 공이 아직 계단을 내려가기 전에 빈이 一拜 하는 절차라고 한다. 『의례정의』, 1197쪽 참조.

14_ '율'은 빠르다는 뜻이다 : 가공언은 "'栗은 寔栗이다'라고 한 것은 '빠르게 한다'는 뜻이다"('栗, 寔栗也'者, 謂疾之意也)라고 하였다. '栗'은 재촉한다(蹙)는 뜻으로, '栗階'는 계단의 층계를 빠르게 올라가 급히 군주의 명에 달려가는 것을 말한다.

15_ 앞발을 ~ 내딛지 않고 : '拾級'은 앞발을 한 계단 올리고 뒷발을 이어서 올려 나란히 모으는 것을 말한다. 『예기』「곡례상」의 "拾級聚足"에 대해서 정현은 "'拾'은 '涉'이 되어야 옳다. 발음이 유사하여 빚어진 잘못이다. '級'은 계단의 층계이다. '涉等聚足'은 앞발을 한 계단 올리면 뒷발도 뒤따라 올려 나란히 모으는 것을 말한다('拾'當爲'涉', 聲之誤也. '級', 等也. '涉等聚足', 謂前足躡一等, 後足從之併. 重蹉跌也)고 하였다.

「정입재조도鼎入載俎圖」

(淸),『흠정의례의소』

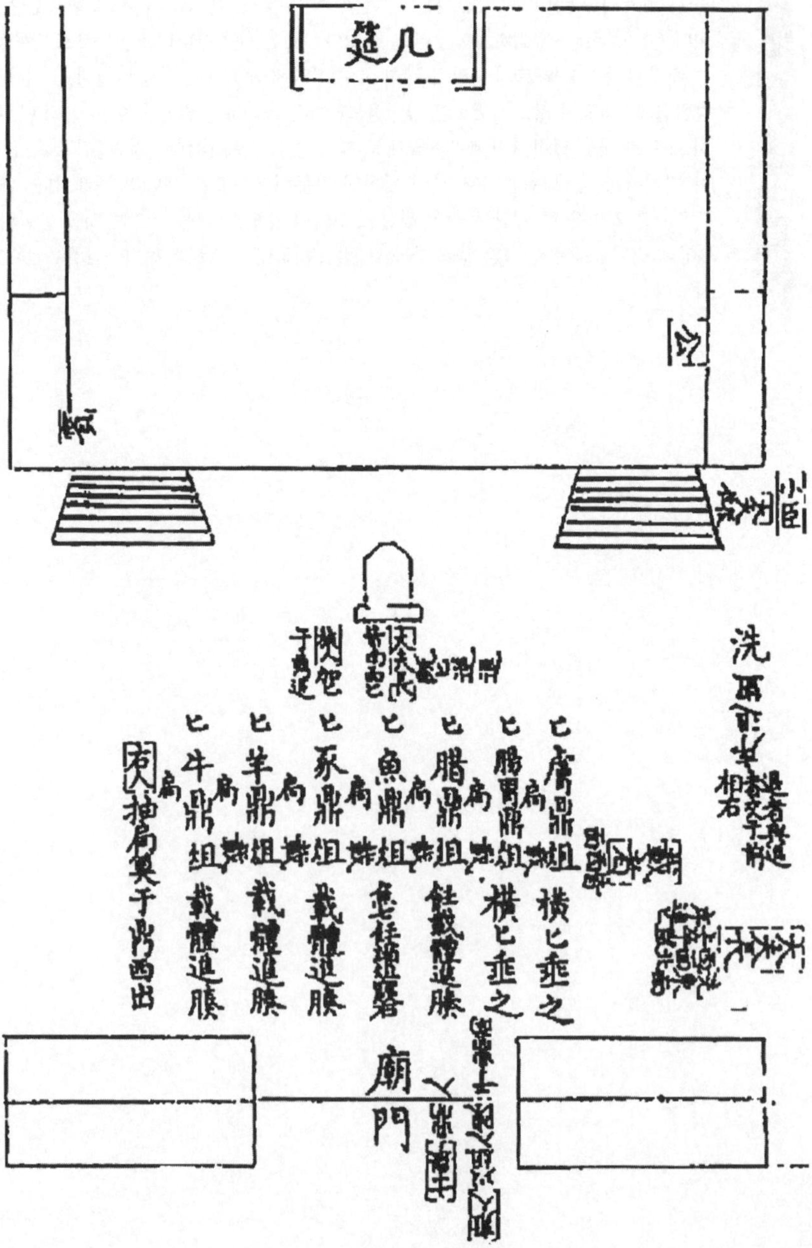

해제 經-38에서 經-48까지는 세발솥(鼎)을 들여놓고 희생제기(俎)에 희생고기를 담는 절차이다.

[公食大夫禮09 : 經-38]

사士는 세발솥(鼎)을 들고, 묘문廟門 밖에서 솥 덮개(鼏)를 벗긴 후에, 차례대로 묘문으로 들어와서 비碑가 있는 곳에 세발솥을 진설하는데, 남쪽을 향하게 하고, 서쪽을 윗자리로 삼는다. 오른쪽에 있는 사람이 가로막대(扃)를 뽑아서, 앉아서 세발솥의 서쪽에 내려놓는데, 머리 부분이 북쪽을 향하고, 꼬리 부분이 남쪽을 향하도록 한다(南順).[1] 세발솥의 서쪽으로부터 묘문을 나오는데, 왼쪽에 있는 사람은 희생제기(俎)[2]에 희생고기를 담는 것을 기다린다.

士擧鼎, 去鼏于外, 次入, 陳鼎于碑[3], 南面, 西上. 右人抽扃, 坐奠于鼎西, 南順. 出自鼎西, 左人待載.

방조房俎

섭숭의(宋), 『삼례도』

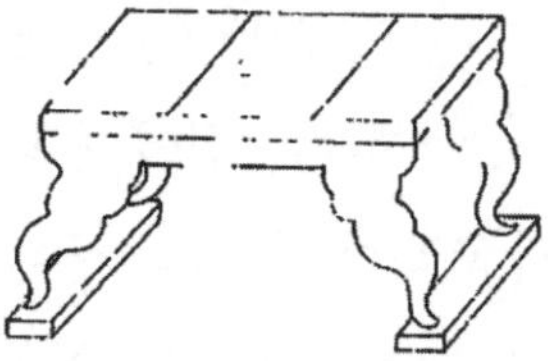

조俎

(淸), 『흠정의례의소』

정현주

동쪽으로부터 들어와서 서쪽을 거쳐 나가는 것은 빈을

위한 것임을 밝힌 것이다.[4] 금문본에는 '奠'이 '委'로 되어 있고, 고문본에는 '待'가 '持'로 되어 있다. 入由東, 出由西, 明爲賓也. 今文'奠'爲'委', 古文'待'爲'持'.

[公食大夫禮09 : 經－39]

옹인雍人[5]이 희생제기(俎)를 들고 묘문으로 들어와서 세발솥의 남쪽에 진설한다. 여인旅人이 남쪽을 향하여 숟가락(匕)[6]을 세발솥에 얹어 놓고 물러간다.

雍人以俎入, 陳于鼎南. 旅人南面加匕于鼎, 退.

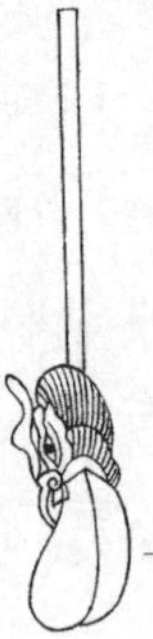

비匕
섭숭의(宋), 『삼례도』

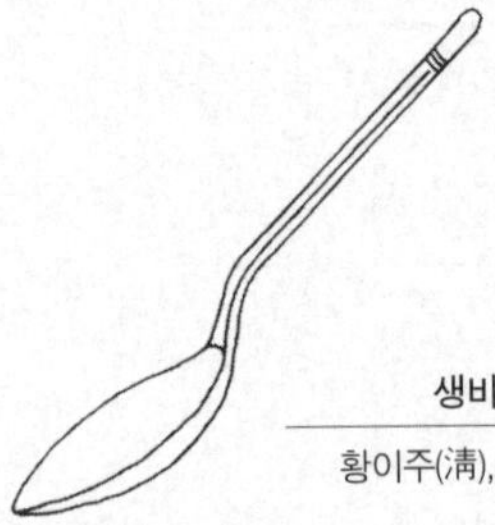

생비牲匕
황이주(淸), 『예서통고』

정현주 '여인旅人'은 옹인의 속관으로, 여식자旅食者(서인으로서 관직에 있는 사람)[7]이다. 옹인에 대해서는 '들어간다'고 말하고, 여인에 대해서는 '물러난다'고 말한 것은 호문互文으로 서로 보완적이다. 드나들 때 경유하는 곳 또한 세발솥을 드는 자와 같다. 숟가락(匕)과 희생제기(俎)를 기구마다 한 사람씩 드는 것은, 제후에게는 관직이 많기 때문이다. '旅人', 雍人之屬, 旅食者也. 雍人言'入', 旅人言'退', 文互相備也. 出入之由, 亦如擧鼎者. 匕俎每器一人, 諸侯官多也.

[公食大夫禮09 : 經 – 40]

대부들은 나이 많은 사람부터 손을 씻는데, 물받이 항아리(洗)의 동남쪽에서 서쪽을 향하여 서서, 북쪽을 윗자리로 삼아, 순서대로 나아가 손을 씻는다. 손을 씻고 물러나는 자는 손을 씻으러 나아가는 자와 물받이 항아리의 남쪽에서 교대한다. 대부들은 손 씻는 것을 마치면 순서대로 세발솥의 북쪽으로 나아가서 남쪽을 향하고 숟가락(匕)을 들어 희생고기를 취한다.

大夫長盥, 洗東南, 西面, 北上, 序進盥. 退者與進者交于前. 卒盥, 序進, 南面匕.

정현주

'장長'은 장유長幼의 순서대로 한다는 뜻이다. '순서대로 한다'(序)는 것은 번갈아한다(更)는 뜻과 같다. '앞'(前)은 물받이 항아리(洗)의 남쪽을 가리킨다. '長', 以長幼也. '序'猶更也. '前', 洗南.

[公食大夫禮09 : 經 – 41]

(왼쪽에 있는) 희생고기를 담는 사람은 서쪽을 향해 서서 대부가 숟가락으로 취한 고기를 희생제기에 담는다.

載者西面.

정현주

희생고기를 담는 사람(載者)은 왼쪽에 있는 사람이다. 또한 세발솥의 동쪽으로부터 순서대로 담는데, 세발솥 앞에서 서쪽을 향해 서서, 대부가 숟가락으로 희생고기를 취하면, 그것을 희생제기에 담는다. 載者, 左人. 亦序自鼎東, 西面於其前, 大夫匕則載之.

[公食大夫禮09 : 經 – 42]

건어(魚)와 말린 고기(腊)[8]는 익힌다.

魚·腊飪.

정현주 '임飪'은 익는다는 뜻이다. 사례에서는 마땅히 익혀야 하는데, 향례에서는 익히지 않은 고기도 있다.[9] '飪', 孰也. 食禮宜孰, 饗有腥者.

[公食大夫禮09 : 經 – 43]

희생고기와 말린 고기를 담을 때는 고기의 몸체 부위가 앞에 있도록 한다.

載體進奏.

정현주 '체體'는 희생고기와 말린 고기를 가리킨다. '주奏'는 고깃결을 말한다.[10] '고깃결을 올린다'(進其理)는 것은 고기의 몸체 부위(本)[11]가 앞에 있도록 하는 것이다. 하대부는 희생고기와 말린 고기가 일곱 조각이다. '體'謂牲與腊也. '奏'謂皮膚之理也. '進其理', 本在前. 下大夫體七个.

[公食大夫禮09 : 經 – 44]

건어는 일곱 마리를 올려놓는데, 희생제기를 따라 종縱의 방향으로 놓고 오른쪽으로 눕힌다.[12]

魚七, 縮俎, 寢右.

정현주 머리를 오른쪽으로 하는 것이다. '오른쪽으로 눕힌다'(寢右)는 것은 등뼈를 앞으로 향하게 놓는다는 뜻이다. 건어乾魚는 배 가까운 부위에 뼈와 가시가 많기 때문이다. 右首也. '寢右', 進鬐也. 乾魚近腴, 多骨鯁.

[公食大夫禮09 : 經-45]
소·양의 창자와 위(腸胃) 7조각씩을 같은 희생제기에 올려놓는다.
腸·胃七, 同俎.

정현주 같은 종류이기 때문이다. 소와 양을 구별하지 않는 것은 내장(腴)이 천하기 때문이다. 여기서 희생제기에 올려놓는 것은 모두 28조각이다. 以其同類也. 不異其牛羊, 腴賤也. 此俎實凡二十八.

[公食大夫禮09 : 經-46]
돼지고기의 부드러운 껍질 부위(倫膚)[13] 7조각을 하나의 희생제기에 올려놓는다.
倫膚七.

정현주 '윤倫'은 '결'의 뜻으로, 섬세한 결이 미끄럽고 부드러운 것[14]을 말한다. 금문본에는 '倫'이 '論'으로 되어 있는 경우도 있다. '倫', '理'也, 謂精理滑脃者. 今文'倫'或作'論'.

[公食大夫禮09 : 經-47]

소·양의 창자(腸)·위胃·돼지고기의 껍질 부위(膚)는 모두 희생제기에 가로로 올려놓는데, 희생제기의 양 변으로 늘어뜨려 올려놓는다.

腸·胃·膚, 皆橫諸俎, 垂之.

정현주

희생에게 있는 성질을 따르는 것이다. 창자(腸)와 위胃는 희생제기의 양 변(俎拒)[15]으로 늘어뜨려 올려놓는다. 順其在牲之性也. 腸胃垂及俎拒.

[公食大夫禮09 : 經-48]

대부들이 숟가락(匕)으로 희생고기를 취하고 나면, 숟가락을 세발솥에 엎어 놓고, 나올 때와 반대순서로 물러나 제자리로 돌아간다.

大夫旣匕, 匕奠于鼎, 逆退, 復位.

정현주

(숟가락으로 희생고기를 취해서 담는) 일이 끝나면 편리함을 따르는 것이 마땅하다.[16] 사士로서 숟가락(匕)을 들고 있는 자와 희생고기를 올려놓는 자는 다시 희생제기가 진설되기를 기다린다. 事畢, 宜由便也. 士匕載者, 又待設俎.

주

1_ 머리 부분이 북쪽을 ~ 향하도록 한다 : 경문의 '南順'에 대해서 성세좌는 이는 가로 막대(扃)을 내려놓는 방법으로서, 남북으로 鼎을 향하여 순서대로 놓는 것이라고 하였다. 『의례정의』, 1199쪽 참조.

2_ 희생제기 : 俎는 犧牲 고기를 담는 禮器이다. 위의 그림에 보이는 房俎는 周나라의 俎이다.

3_ 碑 : 校勘記에 의하면, 徐本, 楊氏, 毛本에는 '南'자가 있다. 唐石經, 嚴本, 集釋, 通解에는 없다. 호배휘의 『의례정의』는 '南'자가 있는 것을 따르고 있다.

4_ 동쪽으로부터 ~ 것이다 : 저인량은 君門을 동쪽으로 드나드는 것이 常禮이기 때문에, 만약 빈을 위하지 않는다면 나가는 것도 동쪽으로 한다고 하였다. 『의례정의』, 1199쪽 참조.

5_ 옹인 : 희생을 잡고 삶는 것을 담당하는 관리이다. 「少牢饋食禮」의 "雍人"에 대한 정현 주에서, "옹인은 희생을 잡고 삶는 일을 담당한 자이다"(雍人, 掌割亨之事者)라고 하였다.

6_ 숟가락 : 鼎에서 희생고기를 덜어내는 도구이다. '朼'로도 쓴다. 『예기』「악기」의 정현 주에 따르면, 喪祭禮에 쓰는 匕는 뽕나무로 만들고, 吉한 의례에 쓰는 匕는 가시나무로 만든다.

7_ 여식자 : '旅食'은 士로서 아직 정식으로 祿을 받지 않는 자들의 宴飮을 가리키는데, 旅食者는 서인으로서 관직에 있는 자를 말한다. [연례06 : 經-5]의 "寢門의 서쪽에 서인으로서 관직에 있는 자를 위해 술동이(尊)를 진설한다"(尊士旅食於門西)고 한 것에 대해 정현은 "'旅'는 衆의 뜻이다. 士로서 衆人의 봉록을 받는다는 것은 아직 정식의 봉록을 받지 못했음을 가리키는 것으로, 이른바 서인으로서 관직에 있는 자이다"('旅', 衆也. '士衆食', 謂未得正祿, 所謂庶人在官者也)고 하였다.

8_ 건어와 말린 고기 : 아래 [經-44]의 "魚七"에 대한 정현 주에서, "건어(乾魚)는 배 가까운 부위에 뼈와 가시가 많다"(乾魚近腴, 多骨鯁)고 하였다. 魚는 건어이고, 腊은 乾獸, 즉 말린 고기이다. 진상도에 따르면, 잘라서 말린 고기는 脯이고 통째로 말린 고기는 腊인데, 脯는 籩에 담고, 腊은 俎에 담는다. 『의례정의』, 1201쪽 참조.

9_ 향례에서는 ~ 있다 : 가공언은 이에 대한 근거로 『춘추좌전』 宣公 16년에 "왕의 향례에는 體薦이 있다"(王享有體薦)를 들고, 이때의 '體薦'이 '날고기'(腥)라고 하였다. 『의례주소』, 558쪽 및 『의례정의』, 1201쪽 참조. 날고기는 사람의 입맛에는 맞지 않지만 음식의 질박함을 간직한 것이므로, 향례가 사례에 비해서 공경함을 주로 하는 것이라는 禮義에 부합한다.

10_ '주'는 고깃결을 말한다 : 정현 주의 원문은 "'奏謂皮膚之理也"로, 피부의 결을 말한다. 그런데 『의례정의』에서는 "肉理謂之腠, 又謂之奏"라고 하였으므로, 결국 '고깃결'을 가리킨다. (本謂近上者.) 『의례정의』, 1202 참조.

11_ 고기의 몸체 부위 : 가공언의 소에 따르면, '本'은 상체에 가까운 부분을 가리킨다. 이것은 살아 있는 사람들의 식사 방법이다. 제사에는 '末'이 앞에 있게 한다. 『의례

주소』, 558~559쪽 참조.

12_ 희생제기를 따라 ~ 눕힌다 : 가공언의 소에 따르면, 희생제기에 縱의 방향, 즉 세로로 놓는 것은 받는 사람에게는 가로 방향이 되도록 하는 것이다. 빈은 戶牖의 사이에서 南面하고 있는데, 俎는 東西로 진설되어 있다. 조에 담겨 있는 건어는 머리가 오른쪽에 있고 뱃살 주위의 가시가 많은 부분이 남쪽을 향하고 있다. 등뼈를 앞으로 향하게 북쪽으로 놓으므로, 가시가 적은 등 부분이 빈을 향하게 되어 빈을 우대하는 것이 된다. 『의례주소』, 559쪽 참조. 이것은 산 사람에게 음식을 올리는 방법으로, 「소뢰궤사례」 등의 제사에서는 이와 반대로 뱃살 쪽을 앞으로 향하도록 하여 올린다.

13_ 돼지고기의 부드러운 껍질 부위 : "倫"은 아래의 정현 주에 따르면 "섬세한 결이 미끄럽고 부드러운 살 부위"(倫, 理也, 謂精理滑脃者)라는 의미이다. 가공언은 "倫膚"를 돼지고기의 껍질 가죽으로 만든 것을 말한다"(倫膚, 謂豕之皮革爲之)고 하였고, 호배휘는 '膚'가 돼지고기의 옆구리 가죽 부위의 고기(膚謂豕之脇革肉也)라고 하였다. 『의례정의』, 1203~1204쪽 참조. 따라서 "倫膚"는 매끄럽고 부드러운 살이 붙은 껍질 부위를 가리킨다.

14_ 섬세한 결이 미끄럽고 부드러운 것 : '倫 '에 대한 정현의 해석이다. 정현 주 원문인 "倫, 理也, 謂精理滑脃者"에 대해서, 완원의 『校勘記』에서는 閩本, 監本 등이 "脃"을 '부서지기 쉽다', '약하다'의 의미인 "脆"로 쓴 것이 그르다고 비판하였다. 호배휘 역시 정현의 해석은 "고깃결이 섬세하다"는 의미일 뿐이라고 해석하고, 설문을 인용하여 "脃"는 부드러워서 끊기 쉬운 것을 의미한다고 본다. 『의례정의』, 1204쪽 참조.

15_ 희생제기의 양 변 : '俎拒'는 희생제기의 양 변에 달린 다리의 중앙을 가로지르는 횡목들을 가리킨다. 따라서 소와 양의 내장을 가로 방향으로 놓고 나머지 늘어지는 부분은 俎拒 방향, 즉 俎의 양 변으로 늘어뜨려 올려놓는 것을 의미한다. 『儀禮』「少牢饋食禮」 "長皆及俎拒"에 대한 가공언의 소, "距爲俎足中央橫者也" 참조.

16_ 일이 ~ 마땅하다 : 鼎 마다 한 사람씩 숟가락(匕)을 들고 있는 대부가 있어 나이 순서대로 나와서 희생고기를 俎에 담는다. 하지만 담는 일이 끝나면, 나이 순서대로가 아니라 뒤에 나온 사람부터 차례로 물러나 제 자리로 돌아가는 것이 편리하다. 『의례정의』, 1204쪽 오계공의 설명 참조.

「사빈도食賓圖」

(淸),『흠정의례의소』

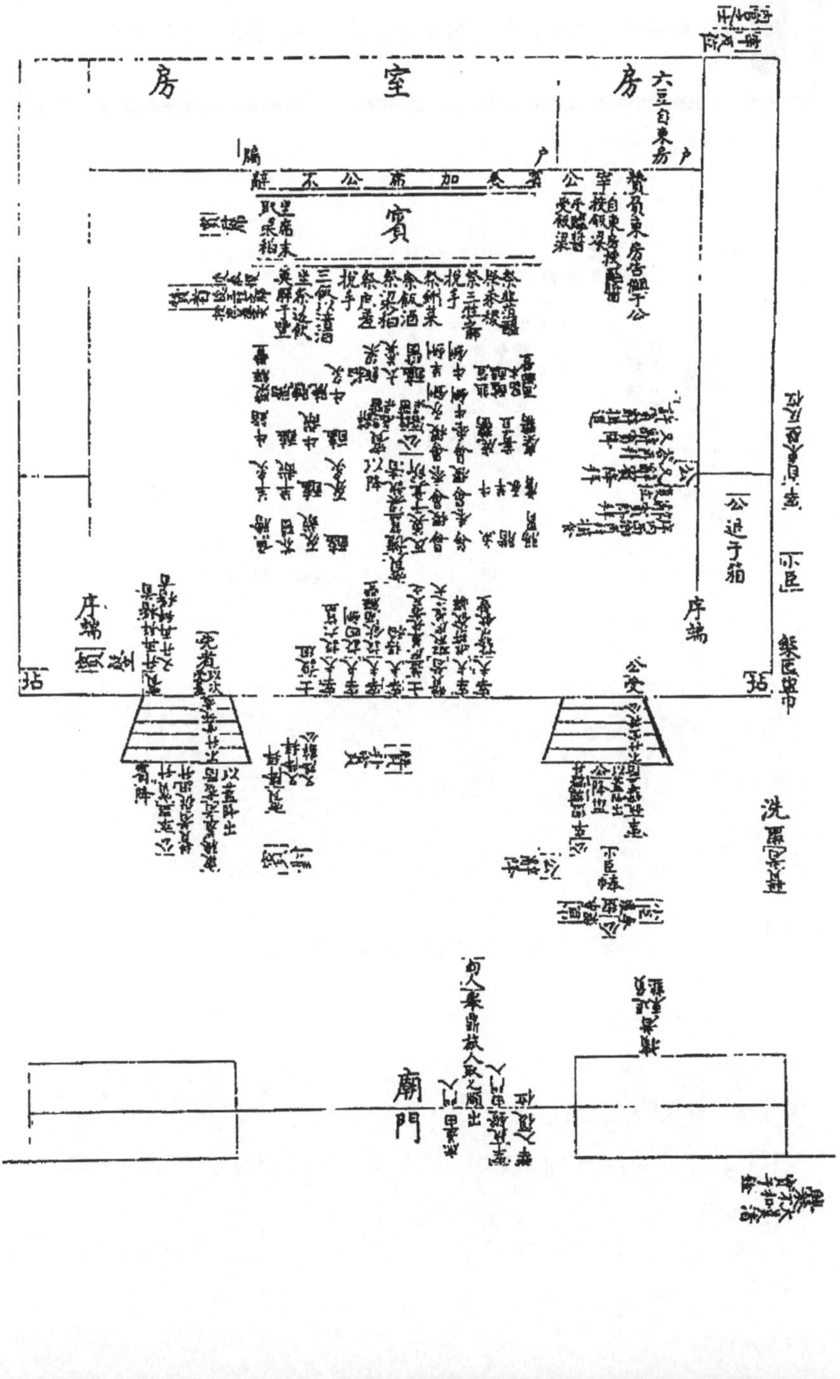

> **해제** 經－49에서 經－68까지는 빈을 위하여 정찬正饌을 진설하는 절차이다.

정찬가찬正饌加饌

호배휘(淸), 『의례정의』

[公食大夫禮09 : 經－49]

공은 당에서 내려와 손을 씻는다.

公降盥.

정현주

장醬을 진설하려는 것이다. 將設醬.

[公食大夫禮09 : 經－50]

빈이 따라서 당에서 내려오면, 공은 내려오지 말라고 사양을 한다.

賓降, 公辭.

정현주 자기를 따라 내려오는 것을 사양하는 것이다. 辭其從已.

[公食大夫禮09 : 經 – 51]
손 씻는 일을 마치면 공은 빈과 한 번 읍을 하고 한 번 양보를 한 뒤에, 공이 당으로 올라가고, 빈도 따라서 당으로 올라간다.
卒盥, 公壹揖壹讓, 公升, 賓升.

정현주 읍을 하고 양보하는 것을 모두 한 번씩 하는 것은 처음보다 줄여서 하는 것이다. 고문본에는 '壹'이 모두 '一'로 되어 있다. 揖讓皆壹, 殺於初. 古文'壹'皆作'一'.

[公食大夫禮09 : 經 – 52]
재부는 동방東房에서 식초로 조미한 장(醯醬)을 가져와 공에게 건네준다.
宰夫自東房授醯醬.

정현주 '건네준다'(授)는 것은 공에게 건네주는 것을 말한다. '혜장醯醬'은 식초로 조미한 장을 말한다. '授', 授公也. '醯醬'以醯和醬.

[公食大夫禮09 : 經 – 53]
공은 식초로 조미한 장을 진설한다.

公設之.

정현주 몸소 진설하는 것은 식초로 조미한 장이 음식의 근본이 되기 때문이다. 以其爲饌本.

[公食大夫禮09 : 經－54]

빈은 공이 직접 식초로 조미한 장을 차려 주는 것에 대해 사양을 한 후에, 북쪽을 향해 앉아서 식초로 조미한 장을 옮기는데,[1] 본래 있던 자리에서 동쪽으로 조금 옮겨 놓는다.

賓辭, 北面坐遷而東遷所.

정현주 '장소에서 조금 동쪽으로 옮겨 놓는다'(東遷所)는 것은 본래 있던 자리에서 동쪽으로 가까운 곳에 놓는다는 뜻이다. '東遷所', 奠之東側, 其故處.

[公食大夫禮09 : 經－55]

공은 당 위 동쪽 벽(東序)의 안에서 서쪽을 향해 선다.

公立于序[2]內, 西鄕.

정현주 조계의 위쪽에 서지 않는 것은 몸소 음식을 차리는 것을 보이기 위함이다. 不立阼階上, 示親饌.

[公食大夫禮09 : 經-56]

빈은 서쪽 계단 위쪽의 서쪽에 서는데, 단정하게 선다.

賓立于階西, 疑立.

정현주

(서쪽) 계단 위쪽에 서지 않는 것은 주국의 군주가 조계에서 떨어져 있기 때문이다.[3] '의疑'는 단정하게 서는 것이니, 스스로 안정된 모습을 가리킨다. 금문본에는 '서쪽 계단'(西階)이라고 하였다. 不立階上, 以主君離阼也. '疑', 正立也, 自定之貌. 今文曰'西階'.

[公食大夫禮09 : 經-57]

재부는 동방에서 6개의 나무제기(豆)[4]를 꺼내 와서 올리는데, 장醬의 오른쪽에, 서쪽을 윗자리로 삼아서 진설한다. 부추절임(韭菹)을 담은 나무제기를 진설하고, 그 동쪽에 고기젓갈(醓醢)과 창포뿌리 절임(昌本)을 담은 나무제기를 진설하고, 창포뿌리절임을 담은 나무제기의 남쪽에 뼈 붙은 큰 사슴고기 젓갈(麋臡)을 담은 나무제기를 진설하고, 뼈 붙은 큰 사슴고기 젓갈을 담은 나무제기의 서쪽에 순무절임(菁菹)과 사슴고기 젓갈(鹿臡)을 담은 나무제기를 진설한다.

宰夫自東房薦豆六, 設于醬東, 西上. 韭菹以東醓醢·昌本, 昌本南麋臡, 以西菁菹·鹿臡.

정현주

'탐해醓醢'는 고기젓갈(醢)에 고기즙(醓)[5]이 들어 있는 것이다. '창본昌本'은 창포의 뿌리를 말하는데, 절임(菹)이다. 고기젓갈(醢)에 뼈가 있는 것을 '이臡'라고 한다. '청菁'은 명청蔓菁을 말하는데, 절임(菹)이다. 금문본에 '臡'가 모두 '麋'로 되어 있다. '醓醢', 醢有醓. '昌本', 昌蒲本, 菹也. 醢有骨謂之'臡'. '菁', 蔓菁, 菹也. 今文'臡'皆作'麋'.

두豆(有蓋)

섭숭의(宋), 『삼례도』

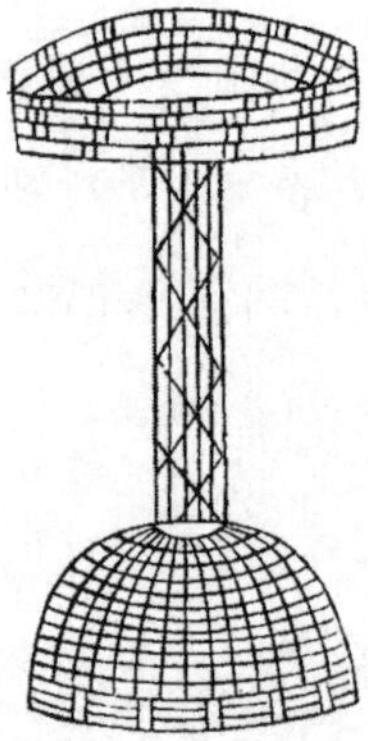

변籩

황이주(淸), 『예서통고』

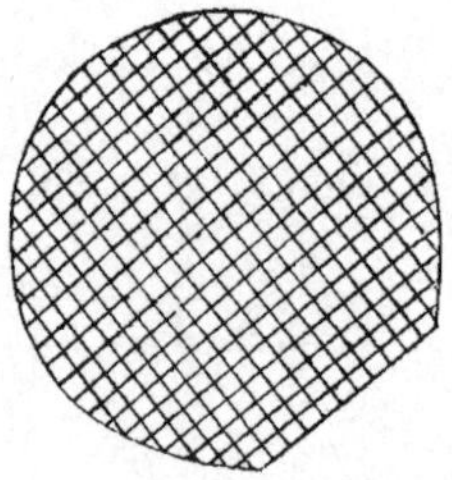

변건籩巾

(淸), 『흠정의례의소』

[公食大夫禮09 : 經－58]

사士는 희생제기를 나무제기의 남쪽에 진설하는데, 서쪽을 윗자리로 삼아서 쇠고기·양고기·돼지고기를 올려놓은 희생제기를 진설하고, 건어(魚)를 올려놓은 희생제기를 쇠고기를 올려놓은 희생제기의 남쪽에 진설하고, 말린 고기와 소·양의 창자와 위胃를 올려놓은 희생제기를 그 다음에 진설한다.

士設俎于豆南, 西上, 牛·羊·豕, 魚在牛西,[6] 腊·腸胃亞之.

정현주

'아亞'는 다음이라는 뜻이다. '쟁綪'이나 착錯이라고 말하지 않는 것은 희생제기가 존귀하기 때문이다.[7] '亞', 次也. 不言'綪'·'錯', 俎尊.

[公食大夫禮09 : 經－59]

돼지고기의 껍질부위(膚)를 올려놓은 희생제기는 단독으로 진설한다.

膚以爲特.

정현주

돼지고기의 껍질부위(膚)를, 돼지고기를 올려놓은 희생제기와 소고기·양고기의 창자·위를 올려놓은 희생제기의 동쪽에 진설하는 것이다.[8] 돼지고기의 껍질부위(膚)를 올려놓은 희생제기를 단독으로 진설하는 것은 (소나 양보다) 아래 등급의 희생에서 나온 것이어서 천하기 때문이다. 直豕與腸胃東也. 特膚者, 出下牲, 賤.

[公食大夫禮09 : 經－60]

여인旅人은 숟가락(匕)을 잡고, 전인甸人은 세발솥(鼎)을 들고 순서대로 묘문廟門을 나가서, 묘문을 마주하여 제자리에 내려놓는다.

旅人取匕, 甸人擧鼎, 順出, 奠于其所.

정현주

세발솥(鼎)이 비었기 때문에 들고 나가는 것이다. '제자리'(其所)는 묘문을 마주하는 곳을 가리킨다. 以其空也. '其所', 謂當門.

[公食大夫禮09 : 經－61]

재부는 찰기장 밥(黍)과 메기장 밥(稷)을 담은 6개의 둥근 밥그릇(簋)[9]을 희생제기의 서쪽에 진설하는데, 두 줄로 나란하게 하여 동북쪽을 윗자리로 삼는다. 찰기장 밥을 담은 밥그릇은 쇠고기를 올려놓은 희생제기와 마주하도록 놓고, 그 서쪽으로 메기장 밥을 담은 밥그릇을 놓는다. 찰기장 밥을 담은 밥그릇과 메기장 밥을 담은 밥그릇을 서로 교차하도록 놓아 진설을 마치는데, 북쪽에서 남쪽으로 진설한다.

宰夫設黍·稷六簋于俎西, 二以並, 東北上. 黍當牛俎, 其西稷. 錯以終, 南陳.

궤簋(有蓋)

섭숭의(宋), 『삼례도』

보簠(有蓋)

섭숭의(宋), 『삼례도』

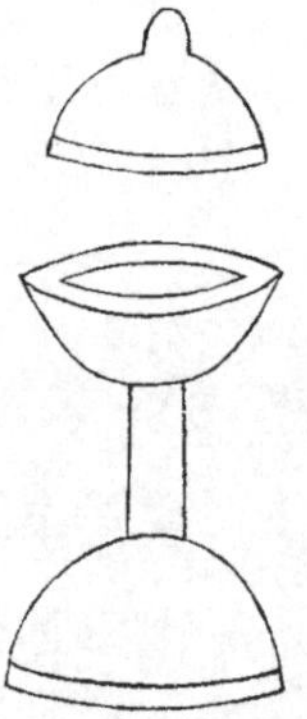

등登(鐙, 有蓋)

섭숭의(宋), 『삼례도』

형鉶

(淸), 『흠정의례의소』

정현주

'병並'은 나란히 놓는다는 뜻이다. 금문본에는 '병倂'이라고 했다. 고문본에는 '簋'가 모두 '軌'로 되어 있다. '並', 倂也. 今文曰'倂'. 古文'簋'皆作'軌'.

[公食大夫禮09 : 經－62]

나물을 넣지 않은 고기국물(大羹湆)은 조미하지 않고 질그릇제기(鐙)에 담는다. 태재大宰는 오른손으로 질그릇제기를 잡고 왼손으로 질그릇제기의 뚜껑을 눌러 잡은 채 묘문으로 들어가서 조계로 올라가는데, 계단의 맨 위 끝까지 올라가되 당에는 오르지 않은 채로 공에게 질그릇제기를 건네준 후에 질그릇제기의 뚜껑을 들고 내려와서, 묘문을 나갔다가, 들어와 본래의 위치로 되돌아간다.

大羹湆不和, 實于鐙. 宰右執鐙, 左執蓋, 由門入, 升自阼階, 盡階, 不升堂, 授公, 以蓋降, 出, 入反位.

정현주

'대갱읍大羹湆'은 끓인 고기국물을 가리킨다. 태곳적에 국을 조미하지 않았다는 것은 소금과 채소를 넣지 않았다는 뜻이다. 질그릇제기(瓦豆)를 '등鐙'이라고 한다. '재宰'는 태재를 가리키는데, 재부宰夫의 우두머리이다. 뚜껑이 있는 것은 음식을 밖에서 들여올 때 바람에 날리는 먼지를 막기 위해서이다. 금문본에는 '湆'이 '汁'으로 되어 있다. 또 "入門, 自阼階"라고 하여 '升'이 없다. '大羹湆', 煑肉汁也. 大古之羹不和, 無鹽菜. 瓦豆謂之'鐙'. '宰'謂大宰, 宰夫之長也. 有蓋者, 饌自外入, 爲風塵. 今文'湆'爲'汁'. 又曰"入門自阼階", 無'升'.

[公食大夫禮09 : 經－63]

공이 질그릇제기를 장醬의 서쪽에 진설하면, 빈은 사양을 하고, 앉아서 질그릇제기의 위치를 동쪽으로 조금 옮겨 놓는다.

公設之于醬西, 賓辭, 坐遷之.

정현주 또한 본래 있던 곳에서 동쪽으로 옮기는 것이다. 亦東遷所.

[公食大夫禮09 : 經 – 64]

재부는 4개의 국그릇(鉶)[10]을 나무제기의 서쪽에 진설하는데, 동쪽을 윗자리로 삼아 쇠고기 국이 담긴 국그릇의 서쪽에 양고기 국이 담긴 국그릇을 놓고, 양고기 국이 담긴 국그릇의 남쪽에 돼지고기 국이 담긴 국그릇을 놓고, 돼지고기 국이 담긴 국그릇의 동쪽에 쇠고기 국이 담긴 국그릇을 놓는다.

宰夫設鉶四于豆西, 東上, 牛以西羊, 羊南豕, 豕以東牛.

정현주 '국그릇'(鉶)은 나물을 넣고 맛을 조미한 국을 담는 그릇이다. '鉶', 菜和羹之器.

[公食大夫禮09 : 經 – 65]

마시는 술은 술잔觶(3升 용량)에 담아서 술잔 받침대(豐) 위에 올려놓는다.

飮酒, 實于觶, 加于豐.

정현주 '풍豐'은 술잔(觶 : 3升 용량)을 받쳐 놓는 그릇이다. 나무제기(豆)와 형태가 같은데 낮다. '豐', 所以承觶者也. 如豆而卑.

치觶

섭숭의(宋), 『삼례도』

풍豐

섭숭의(宋), 『삼례도』

풍豐

황이주(淸), 『예서통고』

[公食大夫禮09 : 經-66]

재부는 오른손으로 술잔을 잡고 왼손으로 술잔 받침대를 받치고 나아가 나무제기의 동쪽에 진설한다.

宰夫右執觶, 左執豐, 進設于豆東.

정현주 밥을 먹을 때 술을 두는 것은 빈을 우대하는 것이다. 나무제기의 동쪽에 진설하는 것은 술을 마시지 않는다는 뜻이다. 「연례」 기記에서 "술을 받고 마시지 않는 경우에는 말린 고기와 고기젓갈의 왼쪽에 술잔(觶)을 놓는다"[11]고 하였다. 食有酒者, 優賓也. 設于豆東, 不擧也. 「燕禮」記曰 "凡奠者於左."

[公食大夫禮09 : 經-67]

재부는 동쪽을 향하여, 앉아서 둥근 밥그릇의 뚜껑을 열고, 각각 밥그릇의 서쪽에 뒤집어 놓는다.

宰夫東面, 坐啓簋會, 各卻于其西.

정현주

'회會'는 둥근 밥그릇의 뚜껑을 가리킨다. 또한 일일이 다 뒤집어놓는 것이다. 각각 그 밥그릇의 서쪽에 둔다. '會', 簋蓋也. 亦一一合卻之. 各當其簋之西.

[公食大夫禮09 : 經－68]

찬자는 동방을 등지고, 남쪽을 향해서 공에게 예찬이 갖추어졌음을 아뢴다.

贊者負東房, 南面告具于公.

정현주

'동방을 등진다'(負東房)는 것은 방문(房戶)을 등지고 선다는 뜻이다. '남쪽을 향한다'(南面)는 것은 공과 빈을 향할 수 있게 하려는 것이다. '負東房', 負房戶而立也. '南面'者, 欲得鄉公與賓也.

주

1_ 북쪽을 향해 ~ 옮기는데 : 『禮經釋例』에 따르면 公이 몸소 진설한 예찬은 賓이 반드시 앉아서 위치를 옮겨 놓는다. 주인이 가운데에 차려 놓은 위치를 조금 옆으로 옮겨 놓음으로써 사양함과 공경함을 나타내는 것이다. 『의례정의』, 1206쪽 참조.

2_ 序 : 堂上에서 당 위의 東堂과 西堂을 각각 가로막는 동서의 벽을 '序'라고 하는데, 동쪽에 있는 것이 '東序', 서쪽에 있는 것이 '西序'이다. 여기서는 東序를 가리킨다.

3_ (서쪽) 계단 위쪽에 ~ 때문이다 : 서쪽 계단 위쪽과 조계 위쪽은 늘 相對가 되는 위치이다. 그런데 군주가 당 위 동쪽 벽의 안쪽에 있어, 이미 조계 위쪽에서 떨어져 있는 위치이므로, 빈 역시 서쪽 계단 위쪽에서 조금 떨어져 서쪽에 서는 것이다.

4_ 나무제기 : '豆'는 채소절임이나 젓갈 등 젖은 음식을 담는 그릇으로 나무로 만드는데, 흙이나 청동으로 된 것도 있다. 높이와 직경이 1척이고 용량은 4升이다. 豆의 중앙부분을 '校'라고 하고 그 바닥부분을 '鐙'이라고 한다. '豆'는 豆, 籩, 登의 總名이기도 하다. '籩'은 마른 음식을 담는 그릇으로 대나무로 만든다. 그 용량은 4升이다. 郝懿行의 『爾雅義疏』에 따르면 대나무제기(籩)와 나무제기(豆)는 같은 종류의 그릇으로, 단독으로 사용되지 않기 때문에 '豆'라고만 말했을 경우 '籩'을 포함한다고 한다. 『三禮辭典』, 427, 1289쪽 참조.

5_ 고기즙 : 오계공에 의하면, 醓은 肉汁이다. 『의례정의』, 1209쪽 참조.

6_ 魚在牛西 : 魚在牛西의 '西'에 대해서, 『의례정의』에는 '南'이라고 했다. 7개의 俎 가운데 돼지고기의 껍질부위를 담은 膚俎를 단독으로 진설하고, 나머지 6개의 희생제기는 方形으로 진설하므로, 魚俎가 牛俎의 남쪽에 진설되는 것으로 보는 것이 타당하다. 앞의 호배휘 正饌 그림을 참조. 『의례정의』, 1209쪽 및 『의례주소』, 561쪽의 교감기 참조.

7_ '쟁'이나 ~ 때문이다 : '綪'은 屈 즉 '방향이 구부러지도록 진설하는 것'을 뜻하고, '錯'은 '섞어서 교차하여 진설하는 것'을 뜻한다. 이 여섯 개의 '희생제기'(俎)는 2열로 놓는데, 모두 서쪽으로부터 동쪽으로 진설하여 꺾어지거나 교차하여 진설하지 않는다. 이는 나무제기(豆)를 방향이 구부러지도록 진설하거나, 둥근 밥그릇(簋)을 섞어서 교차시켜 진설하는 것과 대응된다. 『의례정의』, 1210쪽 참조.

8_ 돼지고기의 ~ 것이다 : 가공언은 "俎의 동쪽에 따로 놓는다"(特之於俎東也)고 하였다. 호배휘도 "돼지고기의 껍질부위(膚)를, 돼지고기를 올려놓은 희생제기와 소고기·양고기의 창자·위를 올려놓은 희생제기의 동쪽에 진설하는 것이다"(謂膚之設在豕俎與腸胃俎二者之東也)라고 하였다. 『의례주소』, 562쪽 및 『의례정의』, 1210쪽 참조.

9_ 둥근 밥그릇 : 찰기장 밥(黍)과 메기장 밥(稷)을 담는 그릇으로 용량은 1斗 2升이다. 원형으로 되어 있다. 대나무, 나무, 흙으로 만드는데, 청동으로 된 것도 있다. 『三禮辭典』 1170쪽 참조. 둥근 원형의 '簋'는 네모진 사각형으로 된 '簠'와 구별된다.

10_ 국그릇 : '鉶'은 고기국물에 채소나 소금을 넣어 조미한 국을 담는 그릇이다. 段玉裁의 『說文注』에서, "(조미하지 않은) 大羹은 登에 담고, (조미한) 鉶羹은 鉶에 담는

다"(大羹盛之于登, 鉶羹盛之于鉶)고 하였다. 한편, 가공언의 「公食大夫禮」 疏나 攝崇義 『三禮圖』에서는 鉶을 鉶鼎, 陪鼎 으로서 '鼎'의 일종으로 보았는데, 호배휘는 이것에 대해 잘못된 것이라고 거듭 비판한다. 『의례정의』, 1060쪽, 1213쪽 참조.

11_ 술을 받고 ~ 놓는다 : 이 구절은 현재 「燕禮」의 記가 아니라 [향음주례04 : 記-12]와 [향사례05 : 記-14]에 보인다. 가공언은 轉寫者의 오류로 본다. 『의례주소』, 563쪽 참조.

해제 經-69에서 經-77까지는 빈이 정찬으로 고수레를 하는 절차이다.

[公食大夫禮09 : 經-69]

공은 재배를 하고, 읍을 하여 빈에게 먹기를 청한다.

公再拜, 揖食.

정현주 '재배를 한다'(再拜)는 것은 빈에게 예찬이 갖추어졌음을 배례하여 알리는 것이다. '再拜', 拜賓饌具.

[公食大夫禮09 : 經-70]

빈은 당에서 내려가 배례를 한다.

賓降拜.

정현주 공이 배례한 것에 답하는 것이다. 答公拜.

[公食大夫禮09 : 經-71]

공은 사양을 한다. 빈은 당에 올라가서 머리를 바닥에 대면서 재배를 한다.

公辭. 賓升, 再拜稽首.

정현주 '배례를 완성하였다'(成拜)고 말하지 않는 것은 당에서 내려와 아직 배례를 하지 않았기 때문이다. 不言'成拜', 降未拜.

[公食大夫禮09 : 經－72]

빈은 자리로 올라간 후에, 앉아서 부추절임(韭菹)을 집어 고기젓갈(醓醢) 이하 5개의 나무제기에 담긴 음식[1]에 두루 적신 후, 윗자리의 부추절임을 담은 나무제기와 고기젓갈을 담은 나무제기의 사이[2]에서 고수레[3]를 한다.

賓升席, 坐取韭菹, 以辯擩于醢, 上豆之間祭.

정현주 '유擩'는 적신다는 뜻과 같다. 금문본에는 '于'가 없다. '擩'猶'染'也. 今文無'于'.

[公食大夫禮09 : 經－73]

찬자는 동쪽을 향해 앉아서 오른손으로 찰기장 밥(黍)을 취하여 왼손에 담고, 나머지 둥근 밥그릇에 담긴 찰기장 밥도 모두 이와 같은 식으로 담는다. 또 메기장 밥(稷)을 취하는데 모두 이와 같이 하고, 오른손에 되돌려 담은 후에, 일어나서 빈에게 건네준다.[4] 빈은 그것으로 고수레를 한다.

贊者東面坐取黍, 實于左手, 辯. 又取稷, 辯, 反于右手, 興以授賓.

賓祭之.

정현주 오른손으로 밥을 취해서 주는 것은 편리하기 때문이다. 빈도 일어나서 밥을 받고, 앉아서 나무제기에 고수레를 했던 곳[5]에서 고수레를 한다. 유독 '찬자가 일어난다'(贊興)고 말한 것은 빈을 우대하는 뜻을 나타낸 것이다. 『예기』「소의少儀」에서는 "서서 주는 것을 받을 때나 서 있는 사람에게 줄 때는 앉지 않는다"고 하였다.[6] 取授以右手, 便也. 賓亦興受, 坐祭之於豆祭也. 獨云'贊興', 優賓也. 「少儀」曰, "受立, 授立, 不坐."

[公食大夫禮09 : 經－74]

세 가지 희생의 허파(肺)는 이폐離肺(중앙 부위를 조금 남기고 자른 허파)로 자르지 않는다.[7] 찬자는 세 가지 희생의 허파를 두루 취해서 하나씩 빈에게 건네준다.

三牲之肺不離. 贊者辯取之, 壹以授賓.

정현주 '허파는 이폐로 자르지 않는다'(肺不離)는 것은 완전히 자르는 것을 말한다. '완전히 자른다'(刌)고 말하지 않는 것은 완전히 자르면 제폐祭肺(중앙부위를 완전하게 끊어서 자른 허파)를 의미하기 때문이다. 여기서는 거폐擧肺(중앙 부위를 조금 남기고 자른 허파)를 이폐離肺로 자르지 않고 완전히 자르는 것이니, 빈이 제사지내기 편리하게 하기 위한 것이다.[8] 이폐로 고수레를 한다는 것은 허파를 떼어내서 고수레를 하는 것을 말한다. '하나씩'(壹)은 조금씩(稍)과 같은 뜻이다. 고문본에는 '壹'이 '一'로 되어 있다. '肺不離'者, 刌之也. 不言'刌', 刌則祭肺也. 此擧肺不離而刌之, 便賓祭也. 祭離肺者, 絶肺祭也. '壹'

猶稍也. 古文'壹'作'一'.

[公食大夫禮09 : 經 – 75]

빈은 일어나서 허파를 받고, 앉아서 고수레를 한다.

賓興受, 坐祭.

정현주

여기에서 '빈은 일어나서 허파를 받고, 앉아서 고수레를 한다'(賓興受坐祭)고 한 것은 희생고기를 거듭해서 받는다는 뜻이다. 빈은 또한 각 희생의 허파마다 일어나서 받고, 나무제기에서 고수레를 했던 곳에서 고수레를 한다. 於是云'賓興受坐祭', 重牲也. 賓亦每肺興受, 祭於豆祭.

[公食大夫禮09 : 經 – 76]

손을 닦고 나서 윗자리에 있는 국그릇에서 숟가락(柶)으로 나물을 건져 올려서, 나머지 국그릇들 속에 두루 담갔다가, 윗자리의 쇠고기 국과 양고기 국을 넣은 국그릇 사이에서 고수레를 한다.

挩手, 扱上鉶以柶, 辯擩之, 上鉶之間祭.

정현주

'숟가락으로 건져 올린다'(扱以柶)는 것은 국그릇에 있는 나물을 건져 올리는 것을 가리킨다. '세挩'는 닦는다는 뜻이다. 수건으로 닦는 것을 말한다. '扱以柶', 扱其鉶菜也. '挩', 拭也. 拭以巾.

형사鉶柶

섭숭의(宋), 「삼례도」

[公食大夫禮09 : 經 - 77]

마시는 술로 윗자리의 나무제기 사이에서 고수레를 한다. 건어·말린 고기·장醬·고기국물(湆)은 고수레를 하지 않는다.

祭飮酒於上豆之間. 魚·腊·醬·湆不祭.

정현주 '고수레를 하지 않는다'(不祭)는 것은 성대한 음식물이 아니기 때문이다. '不祭'者, 非食物之盛者.

주

1_ 고기젓갈 이하 ~ 음식 : 오계공에 따르면, 경문의 '醢'는 醓醢 이하 5개의 豆에 담긴 음식을 가리킨다. 『의례정의』, 1214쪽 참조. 5개의 豆에 담긴 음식은 [經-57]의 고기젓갈(醓醢), 창포뿌리절임(昌本), 뼈 붙은 큰 사슴고기 젓갈(麋臡), 순무절임(菁菹), 사슴고기 젓갈(鹿臡)을 가리킨다.

2_ 윗자리의 부추절임을 ~ 사이 : 경문의 "上豆之間"에 대해 호배휘는 豆의 上列에 있는 韭菹와 醓醢의 사이를 가리킨다고 하였다. 『의례정의』, 1214쪽 참조.

3_ 고수레 : 이곳에서의 '祭'는 '祭食'으로, 고수레 하는 것을 말한다. 음식을 먹으려 할 때, 먹으려는 음식물을 조금 취해서 그 음식을 처음 만든 조상에게 올리는 祭先 의식으로, 사물의 근본을 잊지 않는다는 의미를 담고 있다. 『예기』, 「曲禮」의 "주인이 먼저 고수레 하여 손님이 고수레 할 수 있도록 이끈다"(主人延客祭)에 대한 정현 주에서 "'제'는 조상에게 고수레 하는 것이다. 군자는 일이 있으면, 근본을 잊지 않는다"('祭', 祭先也. 君子有事, 不忘本也)라고 하였다. '고수레'의 실제 내용은 음식물을 조금씩 취해서 俎豆의 주변에 놓는 것이다.

4_ 찬자는 동쪽을 ~ 건네준다 : 黍와 稷이 모두 각각 3개의 簋에 담겨 있기 때문에 모든 둥근 밥그릇에서 밥을 조금씩 취하는 것이다.

5_ 나무제기에 고수레를 했던 곳 : 호배휘에 따르면 '豆祭'는 '祭豆處'로서 앞서 '上豆之間'을 가리킨다. 즉 윗자리의 부추절임과 고기젓갈을 담은 나무제기 사이를 말한다. 『의례정의』, 1215쪽 참조.

6_ 유독 '찬자가 일어난다'고 ~ 하였다 : 가공언에 따르면, 찬자가 "일어나서 빈에게 건네준다"고 한 것은 賓이 앉아서 일어나지 않는 것임을 보이려는 것으로서 이는 빈을 우대하는 것이지만, 기실은 빈도 마찬가지로 일어난다고 하였다. 「少儀」를 인용한 것은 찬자가 일어나면 빈도 또한 일어나는 의리를 보이고자 한 것이라고 하였다. 『의례주소』, 564쪽 참조.

7_ 이폐로 자르지 않는다 : '離'는 가르다는 뜻이다. 허파 한 부분을 몸체와 완전히 분리되지 않도록 부분적으로 가르는 것을 말한다. 『禮記』 「少義」에 "소와 양의 허파는 가를 때 허파 중심에 이르지 않게 한다"(牛羊之肺, 離而不提心)고 한 것이 이것을 의미한다. 허파는 두 가지가 있다. 하나는 食禮에서 먹기 위해 진설하는 '擧肺'로서, 가를 때 중앙 부위가 끊어지지 않고 조금 남아 있게 하므로 離肺라 하고 嚌肺라고도 한다. 다른 하나는 祭祀 지내기 위해서 진설하는 '祭肺'로서, 자를 때 완전히 끊어지게 자르므로 刌肺 혹은 切肺라고도 한다.

8_ '완전히 자른다'고 ~ 것이다 : 이편은 祭禮가 아니라 食禮인 公食大夫禮의 기록이다. 따라서 여기서 비록 고수레를 하기 편하게 폐를 완전히 잘랐지만, 食禮에 진설하는 것이므로 祭肺를 의미하는 '완전히 자른다'(刌)라는 표현을 하지 않고, "(食禮에 진설하는 擧肺를) "이폐(離肺)로 자르지 않는다"고 표현했다는 말이다. 표현이 다를 뿐, 완전히 자른다는 점에서는 같다.

해제 經－78에서 經－89까지는 빈을 위해서 가찬加饌을 진설하는 절차이다.

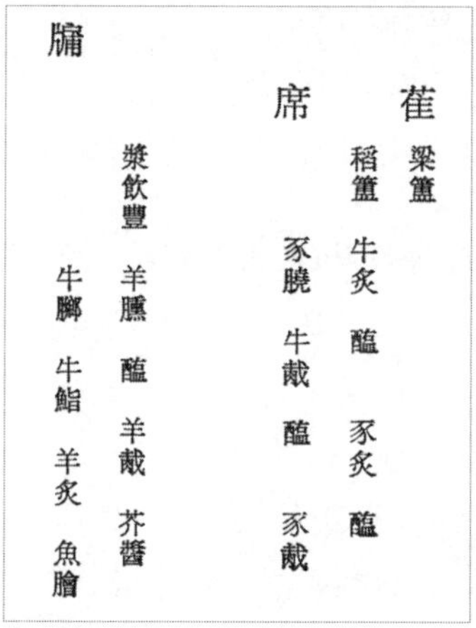

가찬加饌

호배휘(淸), 『의례정의』

[公食大夫禮09 : 經－78]

재부가 수수밥(粱)을 담은 네모진 밥그릇(簠)을 공에게 건네주면, 공은 고기국물(湆)을 담은 질그릇제기의 서쪽에 그것을 진설한다. 빈은 북쪽을 향하여 사양을 한 후에, 앉아서 조금 서쪽으로 옮겨 놓는다.

宰夫授公飯粱, 公設之于湆西. 賓北面辭, 坐遷之.

정현주 이미 예찬이 갖추어졌음을 고했는데, 다시 이것을 진설하는 것은, 정의情意를 돈독하게 더하는 것이다. '옮겨 놓는다'(遷之)는 것은 옮겨서 서쪽으로 가게 하는 것인데, 동쪽을 윗자리로 삼기 때문이다. 旣告具矣, 而又設此, 殷勤之加也. '遷之', 遷而西之, 以其東上也.

[公食大夫禮09 : 經-79]
공과 빈은 모두 처음의 위치로 돌아간다.
公與賓皆復初位.

정현주

'위치'(位)는 당 위 동쪽 벽(東序)의 안과 서쪽 계단 위쪽의 서쪽[1]을 가리킨다. '位', 序內階西.

[公食大夫禮09 : 經-80]
재부는 수수밥(粱)을 담은 네모진 밥그릇(簠)[2]의 서쪽에 쌀밥(稻)을 담은 네모진 밥그릇을 올린다.
宰夫膳稻于粱西.

정현주

'선膳'은 올린다(進)는 뜻과 같다. 쌀밥(稻)과 수수밥(粱)을 올릴 때에는 네모진 밥그릇에 담아서 올린다. '膳'猶進也. 進稻粱者以簠.

[公食大夫禮09 : 經-81]
사士는 여러 가지 맛난 음식(庶羞)을 올리는데, 모두 크게 자른 조각들을 담고 모두 뚜껑들을 덮어서 나무제기를 잡되, 재宰가 질그

릇제기를 잡는 것과 같이 한다.
士羞庶羞, 皆有大·蓋, 執豆如宰.

정현주

'수羞'는 올린다는 뜻이다. '서庶'는 여러 개라는 뜻이다. 올릴 만한 여러 가지 맛난 음식들을 올리는 것이다. '대大'는 살지고 맛있는 것만을 특별히 덩어리로 잘라 낸 것이니, 그것으로 고수레를 하는 것이다. 건어물의 경우에는 '무膴'라고도 하는데, '무膴'는 크다는 뜻이다. 고기젓갈(醢)과 장醬에만 큰 것이 없다. '재宰와 같이 한다'(如宰)는 것은 재가 나물을 넣지 않은 고기국물(大羹湆)을 올릴 때 오른손으로 질그릇제기를 잡고 왼손으로 뚜껑을 눌러 잡았던 것과 같이 한다는 뜻이다. '羞', 進也. '庶', 衆也. 進衆珍味可進者也. '大', 以肥美者特爲臠, 所以祭也. 魚或謂之'膴', '膴', 大也. 唯醢醬無大. '如宰', 如其進大羹湆, 右執鐙, 左執蓋.

[公食大夫禮09 : 經 – 82]

먼저 음식을 올린 자는 되돌아와서 다시 음식을 가지고, 묘문廟門으로 들어가, 서쪽 계단으로 당에 올라간다.
先者反之, 由門入, 升自西階.

정현주

여러 가지 맛난 음식(庶羞)이 많아서 음식을 올리는 사람이 부족하면, 계단 위에서 서로 건네주고, 다시 묘문으로 나와서 가져간다. 庶羞多, 羞人不足, 則相授於階上, 復出取也.

[公食大夫禮09 : 經－83]

먼저 음식을 올린 한 사람은 당에 올라가서 쌀밥(稻)을 담은 네모진 밥그릇의 남쪽, 찰기장 밥(黍)과 메기장 밥(稷)을 담은 둥근 밥그릇의 서쪽에 음식을 진설하는데, 한 사람이 드나들 만큼의 사이[3]를 띄운다.

先者一人升, 設于稻南簋西, 間容人.

정현주

'둥근 밥그릇의 서쪽'(簋西)은 찰기장 밥(黍)과 메기장 밥(稷)을 담은 둥근 밥그릇의 서쪽이란 뜻이다. 반드시 쌀밥(稻)을 담은 네모진 밥그릇의 남쪽이라고 말한 것은 여러 가지 맛난 음식을 가찬으로 올릴 때 나무제기와 나란히 놓지 않음을 밝힌 것이다.[4] '한 사람이 드나들 만큼의 사이를 띄운다'(間容人)는 것은 빈이 그 사이로 왕래해야 하기 때문이다. '簋西', 黍稷西也. 必言稻南者, 明庶羞加, 不與正豆併也. 間容人者, 賓當從間往來也.

[公食大夫禮09 : 經－84]

여러 가지 맛난 음식(庶羞)은 곁(당 중앙에서 서쪽으로 치우친 곳)에[5] 4줄로 진설하는데,[6] 서북쪽을 윗자리로 삼는다.

旁四列, 西北上.

정현주

정찬正饌 쪽에 통섭하여 진설하지 않는 것은, 비록 가찬加饌이지만 자체로 하나의 예이기 때문이다. 이것이 "고깃국(羹)과 저민 고기(胾)는 가운데에 여지가 있어 구별된다"[7]는 것이다. 不統於正饌者, 雖加, 自是一禮. 是所謂"羹胾中別."

[公食大夫禮09 : 經 – 85]

쇠고기 국(膷)을 담은 국그릇의 동쪽으로 양고기 국(臐)을 담은 국그릇, 돼지고기 국(膮)을 담은 국그릇, 쇠고기 구이(牛炙)를 담은 나무제기를 놓는다.

膷以東臐 · 膮 · 牛炙.

정 현 주

향膷 · 훈臐 · 효膮는 오늘날의 고깃국(臛)이다. 쇠고기로 만든 국을 '향膷'이라 하고, 양고기로 만든 국을 '훈臐'이라 하고, 돼지고기로 만든 국을 '효膮'라고 한다. 모두 맛있는 음식의 이름이다. 고문본에는 '膷'이 '香'으로 되어 있고, '臐'이 '薰'으로 되어 있다. 膷 · 臐 · 膮, 今時臛也. 牛曰'膷', 羊曰'臐', 豕曰'膮'. 皆香美之名也. 古文'膷'作'香', '臐'作'薰'.

[公食大夫禮09 : 經 – 86]

구이(炙)를 담은 나무제기 남쪽에 고기젓갈(醢)을 담은 나무제기를 놓고, 서쪽으로 저민 소고기(牛胾)를 담은 나무제기, 고기젓갈(醢)을 담은 나무제기, 소고기 젓갈(牛鮨)을 담은 나무제기를 놓는다.

炙南醢, 以西牛胾 · 醢 · 牛鮨.

정 현 주

먼저 고기젓갈(醢)을 담은 나무제기를 진설하여, 차례대로 엇갈리게 하는 것이다.[8] 『예기』「내칙內則」에서 "젓갈(鮨)이 저민 생고기(膾)가 된다"라고 했으니, 그렇다면 저민 생고기(膾)는 젓갈(鮨)을 사용하는 것이다.[9] 금문본에는 '鮨'가 '鰭'로 되어 있다. 先設醢, 絣之以次也. 「內則」謂"鮨爲膾", 然則膾用鮨. 今文'鮨'作'鰭'.

[公食大夫禮09 : 經－87]

젓갈(鮨)을 담은 나무제기의 남쪽에 양고기 구이(羊炙)를 담은 나무제기를 놓고, 동쪽으로 저민 양고기(羊胾)를 담은 나무제기 · 고기젓갈(醢)을 담은 나무제기 · 돼지고기 구이(豕炙)를 담은 나무제기를 놓는다. 구이(炙)를 담은 나무제기 남쪽에 고기젓갈(醢)을 담은 나무제기를 놓고, 서쪽으로 저민 돼지고기(豕胾)를 담은 나무제기 · 겨자 장(芥醬) · 생선회(魚膾)를 담은 나무제기를 놓는다.

鮨南羊炙, 以東羊胾 · 醢 · 豕炙. 炙南醢, 以西豕胾 · 芥醬 · 魚膾.

정현주

'개장芥醬'은 겨자씨로 만든 장이다. 『예기』「내칙內則」에서 "저민 생고기(膾)에는 봄에 파를 쓰고, 가을에 겨자를 쓴다"고 하였다. '芥醬', 芥實醬也. 「內則」曰, "膾春用蔥, 秋用芥."

[公食大夫禮09 : 經－88]

사士들로서 음식을 보내는 자들은, 계단의 맨 위층까지 올라가되 당에는 오르지 않은 채로, 먼저 올라가 있는 한 사람에게 나무제기를 건네준 후에, 뚜껑을 들고 내려와서 묘문을 나간다.

衆人騰羞者, 盡階不升堂, 授, 以蓋降, 出.

정현주

'등騰'은 '잉媵'으로 써야 한다. '잉媵'은 보낸다는 뜻이다. '건네준다'(授)는 것은 먼저 올라가 있는 한 사람에게 준다는 뜻이다. '騰'當作'媵'. '媵', 送也. '授', 授先者一人.

[公食大夫禮09 : 經－89]

찬자는 동방東房을 등지고, 공에게 예찬禮饌이 갖추어졌음을 아뢴다.

贊者負東房, 告備于公.

정현주

다시 여러 가지 맛난 음식이 갖추어졌음을 아뢰는 것은, 그것이 정찬正饌과 다르기 때문이다. 復告庶羞具者, 以其異饌.

주

1_ 당 위 동쪽 ~ 위쪽의 서쪽 : [經－55]의 주인의 자리와 [經－56]의 빈의 자리를 가리킨다.

2_ 네모진 밥그릇 : 簠는 쌀밥(稻)과 수수밥(粱)을 담는 그릇으로 네모진 方形으로 되어 있고, 용량은 簋와 같이 1斗 2升이며, 역시 대나무, 나무, 흙으로 만들고 청동으로 된 것도 있다. 『三禮辭典』 1170쪽, 앞의 『三禮圖』 '簠' 그림 참조.

3_ 한 사람이 드나들 만큼의 사이 : 호배휘에 따르면, 庶羞와 簋의 사이를 가리킨다. 『의례정의』, 1222쪽 참조.

4_ 반드시 ~ 뜻이다 : 오계공에 따르면, 稻와 庶羞는 모두 加饌이므로, 正饌을 담은 豆와 나란히 놓지 않는다는 의미를 갖는다. 『의례정의』, 1222쪽 참조.

5_ 곁에 : 호배휘에 따르면, 正饌은 당의 중앙에서 동쪽에 진설하고, 加饌은 당 중앙에서 서쪽에 진설하므로, 여기서 庶羞를 진설하는 '곁'은 서쪽으로 치우친 위치(偏西)를 가리킨다. 『의례정의』, 1222쪽 참조.

6_ 여러 가지 ~ 진설하는데 : 호배휘에 따르면, 庶羞는 16豆인데 4豆를 한 줄로 삼아서 4줄이 된다. 『의례정의』, 1222쪽 참조.

7_ 고깃국과 ~ 구별된다 : 『管子』 「弟子職」의 문장이다. 호배휘는 正饌인 羹은 庶羞인 胾의 동쪽에 있으므로 양자의 사이에는 여지가 있어서 서로 연접되지 않고 구별된다는 의미로 본다. 『의례정의』, 1223쪽 참조.

8_ 먼저 ~ 것이다. : 호배휘는 "紾之以次"에 대해서 庶羞의 一列은 서쪽에서 동쪽으로 진설하고, 二列은 동쪽에서 서쪽으로 진설하는 것으로서, 三列, 四列도 그와 같이 진설하는 것이며, 반드시 먼저 醓를 진설하는 것은, 먼저 고기젓갈(醓)을 진설하고, 다시 저민 소고기(牛胾)를 진설하고, 또 고기젓갈(醓)을 진설하고 다시 소고기젓갈(牛鮨)을 진설하여, 2개의 고기젓갈(醓)이 서로 사이하여 진설되어야 차례대로 될 수 있기 때문이라고 해석한다. 즉 4줄의 庶羞를 진설할 때, 고기젓갈(醓)과 고기반찬들이 차례대로 엇갈리도록 진설하는 것이다. 『의례정의』, 1223~1224쪽 참조.

9_ 『예기』 「내칙」에서 ~ 것이다 : 호배휘는 「內則」에서 "젓갈(鮨)이 저민 생고기(膾)가 된다"고 하였다면, 저민 생고기(膾)는 젓갈(鮨)을 사용해서 만드는 것이 분명하다고 하였다. 생고기를 저며서 자르는 것을 膾라고 하는데, 더욱 작게 다져서 醬을 만들면 鮨가 된다. 따라서 鮨는 膾를 가장 작게 다진 것이다. 『의례정의』, 1224쪽 참조.

해제 經－90에서 經－94까지는 빈이 가찬으로 고수레를 하는 절차이다.

[公食大夫禮09 : 經－90]

찬자贊者는 빈에게 자리에 오르기를 청한다.

贊升賓.

정현주 공의 명령으로 빈에게 자리에 오르기를 청하는 것이다. 以公命命賓升席.

[公食大夫禮09 : 經－91]

빈은 자리(席)의 꼬리 부분에 앉아서, 수수밥(粱)을 취하고 또 쌀밥(稻)에 나아가 취한 후에, 장醬과 고기국물(湇)을 담은 질그릇제기 사이에 놓고 고수레를 한다.

賓坐席末, 取粱, 卽稻, 祭于醬湇間.

정현주 '즉卽'은 나아간다는 뜻이다. 쌀밥(稻)과 수수밥(粱)을 고수레 하는 것은 나무제기에서 고수레를 했던 곳에서 하지 않는데, 가찬加饌을 고수레 하는 것은 (정찬의) 가찬[1]이 있는 곳에서 하는 것이 마땅하기 때문이다. '卽', 就也. 祭稻粱不於豆祭, 祭加宜於加.

[**公食大夫禮**09 : **經** – 92]

찬자는 북쪽을 향하여 앉아서 여러 가지 맛난 음식(庶羞) 가운데 큰 조각들을 두루 취하여 일어난 후에, 하나하나씩 빈에게 건네준다. 빈은 이것을 받아서 다 같이 한 번에 고수레를 한다.

贊者北面坐, 徧[2]取庶羞之大, 興, 一以授賓. 賓受, 兼壹祭之.

정현주

하나하나씩 받았는데 다 같이 한꺼번에 고수레를 하는 것은 여러 가지 맛난 음식(庶羞)의 비중이 가볍기 때문이다. 쇠고기 국(臐)을 담은 국그릇과 양고기 국(膮)을 담은 국그릇 사이에서 그것들을 고수레 하는 것으로, 정찬正饌과 다르게 하는 것이다. 壹壹受之, 而兼一祭之, 庶羞輕也. 自祭之於臐膮之間, 以異饌也.

[**公食大夫禮**09 : **經** – 93]

빈은 당에서 내려와서 배례를 한다.

賓降拜.

정현주

여러 가지 맛난 음식에 대해서 배례하는 것이다. 拜庶羞.

[**公食大夫禮**09 : **經** – 94]

공은 사양을 한다. 빈은 당으로 올라가서 머리를 바닥에 대면서 재배를 한다. 공은 답으로 재배를 한다.

公辭. 賓升, 再拜稽首. 公答再拜.

주

1_ (정찬의) 가찬 : 정주 원문의 "祭加宜於加"에서 '宜於加'의 '加'는 경문의 "醬湇間"(醬과 고기국물[湇]을 담은 질그릇제기 사이)을 가리킨다. 즉 정현은 醬·湇을 加饌으로 보고, 가찬인 稻·粱은 가찬이 있는 곳에서 고수레 해야 한다고 해석한 것이다. 이러한 정현의 해석에 대해 장이기와 호배휘는 鄭玄이 醬·湇을 加饌으로 본 것은 오류이고, 醬·湇은 公이 직접 진설한 것이기 때문에 이를 존중하여서 여기에서 고수레 하는 것일 뿐이라고 하였다. 『의례정의』, 1226~1227쪽 참조. 한편, 정찬인 醬湇을 '加'로 풀이한 정현의 이러한 관점에 대해 가공언은, 粱과 湇·醬은 모두 公이 직접 진설하는 가찬이라고 본다. 비록 가찬이지만 정찬의 위에 진설되어 있어서 정찬과 함께 (예찬의) 근본이 되기 때문에 정찬이라고 이름 붙여진 것이지, 기실은 정찬의 가찬이라는 것이다.(此湇醬是正饌, 而云'加'者, 但湇醬與粱皆是加, 故公親設之. 下文爲正饌而此云加者, 爲湇醬雖是加, 以在正饌之上, 得與正饌爲本, 故名正饌, 其實是正饌之加, 故公親設之也) 『의례주소』, 568쪽 참조.

2_ 奠 : 경문의 '奠'은 호배휘의 『의례정의』에 '辯'으로 되어 있다. '두루 취한다'는 의미의 '辯'으로 보는 것이 의미가 더 타당하다. 『의례정의』 1227쪽 및 『의례주소』 568쪽의 「교감기」 참조.

제후諸侯의 노침路寢

황이주(淸), 『예서통고』

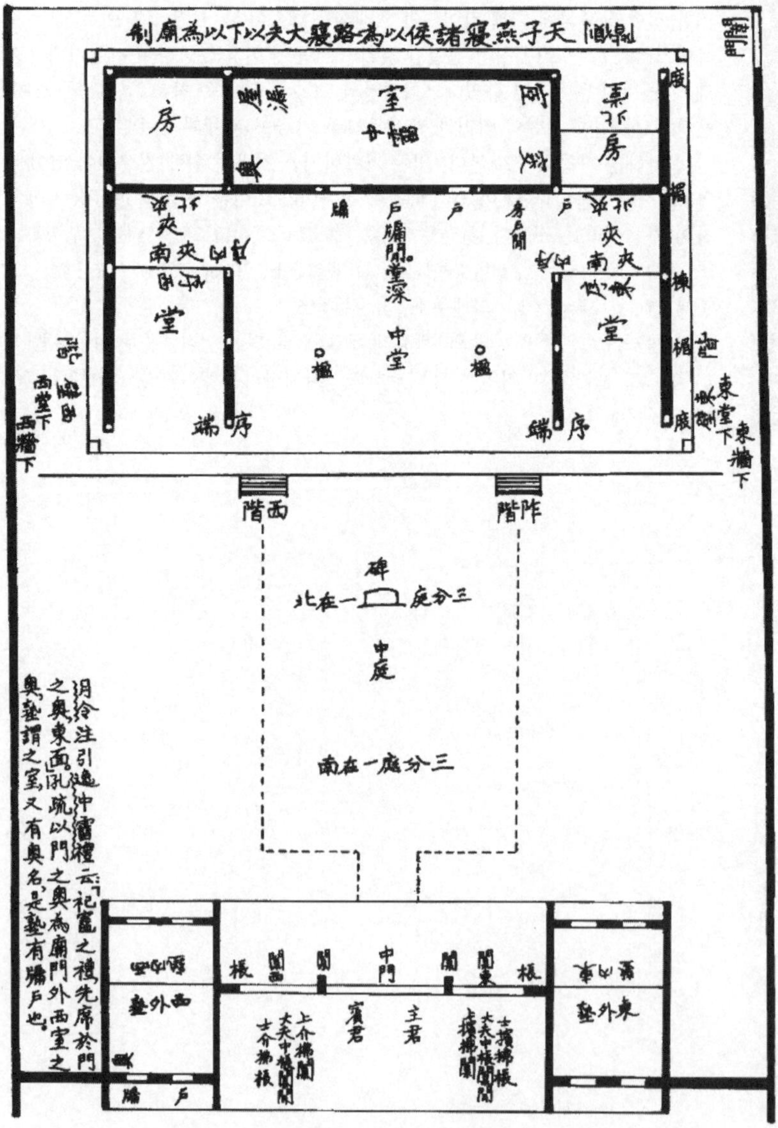

해제 經-95에서 經-105까지는 빈이 삼반三飯 즉, 세 차례 밥을 먹는 절차이다.

[公食大夫禮09 : 經-95]

빈은 북쪽을 향해 정찬正饌과 가찬加饌의 사이로 가서 앉아 왼손으로 수수밥(粱)을 담은 네모진 밥그릇(簠)을 안고 오른손으로 고기국물(湆)을 담은 질그릇제기를 잡은 후에, 당에서 내려온다.

賓北面自間坐, 左擁簠粱, 右執湆以降.

정현주 '사이로부터 와서 앉는다'(自間坐)는 것은 두 종류의 예찬이 놓인 사이로 말미암는 것을 말한다. '옹擁'은 '안는다'는 뜻이다. 반드시 수수밥(粱)을 취하는 것은 공이 진설한 것이기 때문이다. 그것을 들고 내려오는 것은, 당堂이어서 존귀한 곳이므로 계단 아래에서 먹겠다는 것이다.

'自間坐', 由兩饌之間也. '擁', '抱'也. 必取粱者, 公所設也. 以之降者, 堂, 尊處, 欲食於階下然也.

[公食大夫禮09 : 經-96]

공은 사양을 한다. 빈은 서쪽을 향해 앉아서 계단의 서쪽에 음식을 내려놓은 뒤에, 동쪽을 향해서 공에게 응답을 하고, 서쪽을 향해 앉아서 음식을 담은 그릇을 잡은 뒤에, 한 발로 한 층씩 계단을 밟고 당에 올라가, 북쪽을 향해 본래 있던 위치에 되돌려 놓은 다음, 당에서 내려와 공에게 사양한다.

公辭. 賓西面坐奠于階西, 東面對, 西面坐取之, 栗階升, 北面反奠于其所, 降辭公.

정현주

음식을 내려놓은 뒤에 응답을 하는 것은, (내려와서 먹고자 하는) 자기의 뜻을 이루려는 것이다. 당에서 내려와 공에게 사양하는 것은 공경스러운 것이다. 반드시 공에게 사양하는 것은 그가 존귀한데도 자기가 음식을 먹는 것에 몸소 임하기 때문이다. 음식을 먹을 때 모시는 것은 찬자贊者의 일이다. 奠而後對, 成其意也. 降辭公, 敬也. 必辭公者, 爲其尊而親臨已食. 侍食, 贊者之事.

[公食大夫禮09 : 經－97]

공이 허락을 하면, 빈은 당으로 올라간다. 공은 읍을 하고, 동상東箱(東夾의 앞)으로 물러나서 기다린다.

公許, 賓升. 公揖退于箱.

정현주

'상箱'은 동협東夾의 앞이다.[1] 일을 기다리는 곳이다. '箱', 東夾之前. 俟事之處.

[公食大夫禮09 : 經－98]

빈자擯者는 물러나서, 동숙東塾(묘문 안의 동쪽 당)을 등지고 선다.

擯者退, 負東塾而立.

정현주

할 일이 없기 때문이다. 無事.

[公食大夫禮09 : 經－99]

빈은 자리에 와서 앉을 때 덧까는 자리(加席)를 말아서 놓는다. 공은 사양을 하지 않는다.

賓坐, 遂卷加席. 公不辭.

정현주

찬자贊者가 이 일을 공에게 아뢰면 공이 그것을 허락하는 것이니, (공이 직접) 오는 것을 신중하게 하여 빈을 우대하는 것이다.[2] 贊者以告公, 公聽之, 重來, 優賓.

[公食大夫禮09 :經－100]

빈은 고기국물(湆)과 장醬으로 세 번 숟가락으로 떠서 밥을 먹는다.

賓三飯以湆醬.

정현주

밥을 먹을 때마다 고기국물(湆)을 마시고 뼈 붙은 희생고기(殽)를 장醬에 적셔서 먹는 것은 정찬을 먹는 것이다. 세 번 숟가락으로 떠서 밥을 먹고 그치는 것은 "군자가 먹는 것에서 배부르기를 구하지 않는다"[3]는 뜻을 나타내는 것이다. 뼈 붙은 희생고기를 먹는 순서에 대해서 말하지 않는 것은 빈을 우대하는 것이다.[4] 每飯, 歠湆, 以肴擩醬, 食正饌也. 三飯而止,

"君子食不求飽." 不言其肴, 優賓.

[公食大夫禮09 : 經－101]

재부는 음료수(漿飮)를 담은 술잔(觶)을 잡고 술잔 받침대(豐)에 받쳐서 올린다.

宰夫執觶漿飮, 與其豐以進.

정현주

이것은 입가심할 것을 올리는 것이다. 식사를 끝냈기 때문이 아니라 다음 일이 있기 때문에, 빈이 스스로 깨끗하게 하고 싶어 하는 뜻을 따른 것이다. 此進漱也. 非爲卒食, 爲將有事, 緣賓意欲自絜清.

[公食大夫禮09 : 經－102]

빈은 손을 문질러 닦고, 일어나서 술잔을 받는다.

賓挩手, 興受.

정현주

술잔(觶)을 받는 것이다. 受觶.

[公食大夫禮09 : 經－103]

재부는 쌀밥을 담은 네모진 밥그릇의 서쪽에 술잔 받침대를 진설한다.

宰夫設其豐于稻西.

정현주

술은 동쪽에 있고 음료수는 서쪽에 있다. 이것이 "술은 왼쪽에 놓고 음료수는 오른쪽에 놓는다"[5]고 하는 것이다. 酒在東, 漿在西. 是所謂"左酒右漿."

[公食大夫禮09 : 經 - 104]

빈에게 보내는 정실庭實[6]이 진설된다.

庭實設.

정현주

네 장의 사슴 가죽이다.[7] 乘皮.

[公食大夫禮09 : 經 - 105]

빈은 앉아서 음료수로 고수레를 하고, 이어서 입가심을 한 다음, 술잔을 술잔 받침대 위에 내려놓는다.

賓坐祭, 遂飮, 奠於豐上.

정현주

'마신다'(飮)는 것은 입가심하는 것을 가리킨다. '飮', 漱.

주

1_ 상은 동협의 앞이다 : 정현은 이곳 「公食大夫禮」와 「覲禮」에서 모두 東箱을 東夾之前으로 해석한다. 東夾의 앞에서 잠시 일을 기다리며 머무는 곳으로 보는 것이다. 그러나 호배휘는 東夾의 앞은 東堂이 되므로, 東箱은 東夾이라고 본다. [經-27]의 각주 및 『의례정의』, 1331쪽 참조.

2_ 오는 것을 ~ 것이다 : 賓이 덧까는 자리를 걷어서 禮를 낮추려는 것에 대해 公이 허락한 것이다. 이것은 공이 箱으로 물러나서 기다리고 있는 상태에서, 공이 다시 빈에게 와서 사양함으로써 빈에게 번거로움을 주지 않으려는 배려 때문이다. 『의례주소』, 569쪽, 가공언의 소, 『의례정의』, 1229쪽, 장이기 說 참조.

3_ 군자가 ~ 않는다 : 『논어』 「학이」의 문장이다. "子曰, 君子食無求飽, 居無求安, 敏於事而愼於言, 就有道而正焉, 可謂好學也已"를 참조.

4_ 뼈 붙은 ~ 것이다 : 가공언은, 「特牲饋食禮」나 「少牢饋食禮」에서는 모두 시동(尸)이 밥을 먹을 때 뼈 붙은 희생고기(殽)를 먹는 순서를 말하고 있는 데 비해서 여기에서는 그것에 대해 말하지 않는 것은, 빈에게 뼈 붙은 희생고기(殽)를 취하는 것을 일임하는 것이기 때문에 빈을 우대하는 것이라고 해석한다. 『의례주소』, 570쪽 참조.

5_ 술은 ~ 놓는다 : 『예기』 「곡례」, 정현 주의 문장이다. 『예기』 「곡례」의 "술이나 음료수는 국의 오른쪽에 놓는다"(酒漿處右)에 대해서 정현은 "이것은 술 또는 음료수를 말한다. 두 가지를 다 놓을 경우에는 술은 왼쪽에 놓고 음료수는 오른쪽에 놓는다"(處羹之右, 此言若酒若漿耳. 兩有之, 則左酒右漿)고 하였다.

6_ 정실 : 예물이 뜰에 진설된 것을 '庭實'이라고 한다. 馬, 皮, 牲, 米 등이다. 『三禮辭典』 632쪽 참조.

7_ 네 장의 사슴 가죽이다 : 원문의 "乘皮"에서 '乘'은 물건 4개를 가리키고, '皮'는 사슴 가죽을 가리킨다. [빙례08 : 經-77]의 "위로하러 온 경은 한 번 사양을 한다. 빈은 읍을 하고 먼저 관사 안으로 들어간다. 위로하러 온 경도 빈의 뒤를 따라 들어간다. 4장의 사슴 가죽을 관사의 문 안에 펼쳐서 진설한다"(勞者禮辭. 賓揖, 先入, 勞者從之. 乘皮設)에 대한 정현 주에 따르면, 乘皮는 네 장의 사슴 가죽이다. (物四曰乘 ; 皮, 麋鹿皮也.)

「유빈급졸식도侑賓及卒食圖」

(淸),『흠정의례의소』

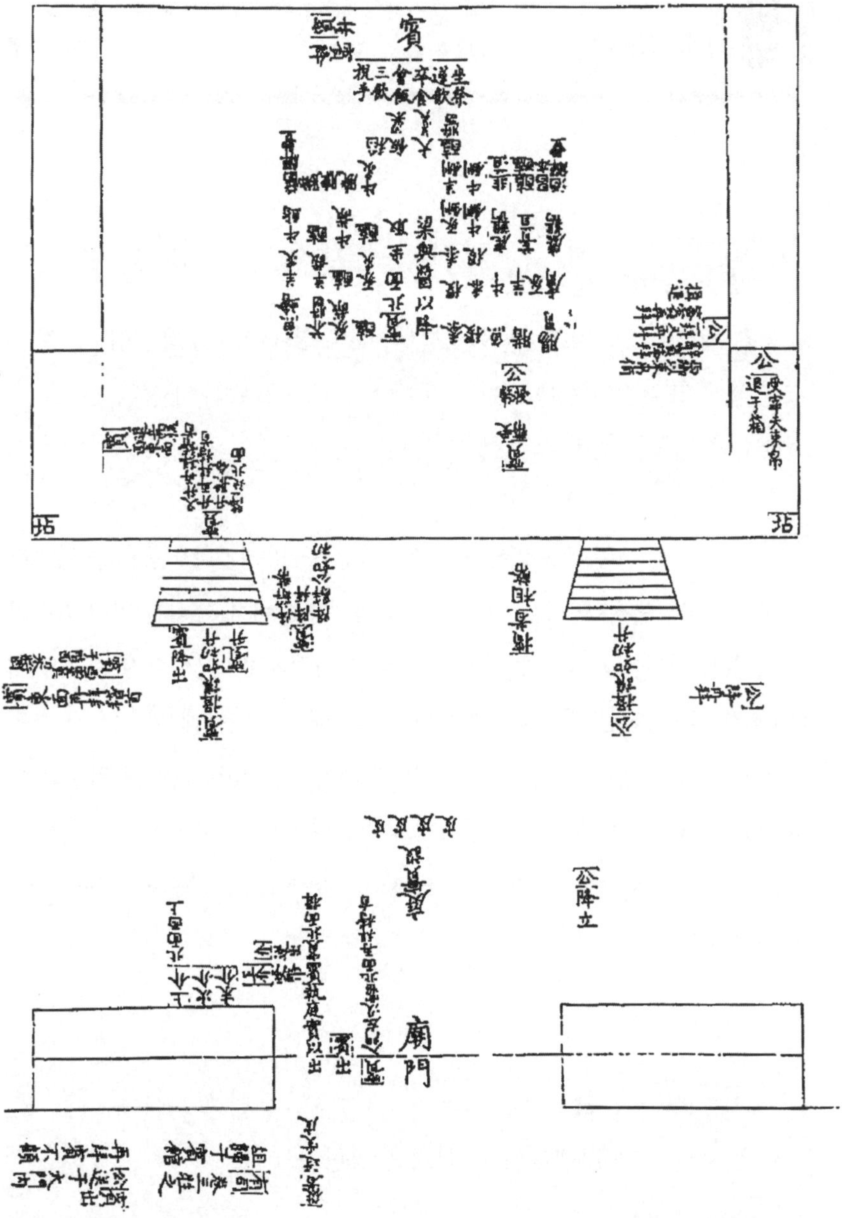

해제 經－106에서 經－117까지는 공이 속백束帛을 보내어 빈에게 계속 먹기를 권하는 절차이다.

[公食大夫禮09 : 經－106]

공은 재부로부터 비단 열 단을 받아서 유폐侑幣[1]로 보내는데, 속백을 잡고 당 위 동쪽 벽(東序)의 안쪽에서 서쪽을 향하여 선다.

公受宰夫束帛以侑, 西鄕立.

정현주

'속백束帛'은 열 단端의 비단을 가리킨다.[2] '유侑'는 권한다는 뜻과 같다. 주국主國의 군주가 이것을 가지고 빈에게 음식을 먹이고자 하는 것이다. 정의를 돈독하게 하는 뜻이 아직 다하지 않아서, 다시 폐백을 내서 더 먹기를 권하는 것이니, 이것으로 빈을 매우 편안하게 해 주고자 하는 것이다. '서쪽을 향하여 선다'(西鄕立)는 것은 당 위 벽(序) 안쪽의 위치를 가리킨다. 당 위 벽(序) 끝부분에서 속백을 받는다.[3] '束帛', 十端帛也. '侑'猶勸也. 主國君以爲食賓. 殷勤之意未至, 復發幣以勸之, 欲用深安賓也. '西鄕立', 序內位也. 受束帛于序端.

[公食大夫禮09 : 經－107]

빈은 자리(筵)에서 내려와서, 북쪽을 향한다.

賓降筵, 北面.

정현주 주군主君이 명을 내릴 것이기 때문이다. 서쪽 계단의 위쪽에서 북쪽을 향하는 것이다. 以君將有命也. 北面於西階上.

[公食大夫禮09 : 經-108]

빈자擯者는 나아가서 공이 빈에게 폐백 보내는 것을 돕는다.

擯者進相幣.

정현주 주군을 위해서 빈에게 폐백을 올리는 말을 전하는 것이다. 爲君釋幣辭於賓.

[公食大夫禮09 : 經-109]

빈은 당에서 내려와 폐백을 보내주는 것에 대해 사양하고, 올라가서 명을 따른다.[4]

賓降辭幣, 升聽命.

정현주 당에서 내려와 폐백을 보내준 것에 대해 사양하면, 주국의 군주가 또 명을 내리고, 빈이 올라가서 명을 따르는데, 허락하는 말을 올린다. 降辭幣, 主國君又命之, 升, 聽命, 釋許辭.

[公食大夫禮09 : 經-110]

빈은 당에서 내려와서 배례를 한다.

降拜.

정현주 폐백을 받는 것에 대해서 배례해야 한다. 當拜受幣.

[公食大夫禮09 : 經－111]

공이 사양을 하면, 빈은 당에 올라가서 머리를 바닥에 대면서 재배를 한 다음 폐백을 받는데, 당 위 동쪽 기둥(東楹)과 마주하는 곳에서 북쪽을 향해 선다.

公辭, 賓升, 再拜稽首, 受幣, 當東楹, 北面.

정현주 주국의 군주가 남쪽을 향해서 폐백을 건네주는데, '당 위 동쪽 기둥과 마주하는 곳'(當東楹)에서 있는 것은 군주가 한 걸음을 걸으면, 신하는 두 걸음을 걸을 수 있도록 하려는 것이다.[5] 主國君南面授之, '當東楹'者, 欲得君行一, 臣行二也.

[公食大夫禮09 : 經－112]

빈은 물러나서 당 위 서쪽 기둥(西楹)의 서쪽에서 동쪽을 향해 선다.

退, 西楹西, 東面立.

정현주 주국의 군주가 폐백을 보내고 배례하는 것을 기다리는 것이다. 물러나서 당 위 서쪽 벽(序)을 등지지 않는 것은, 장차 당에서 내려갈 것이기 때문이다. 俟主國君送幣也. 退不負序, 以將降.

[公食大夫禮09 : 經 – 113]

공이 한 번 배례를 하면, 빈은 당에서 내려가고, 공은 재배를 한다.

公壹拜, 賓降也, 公再拜.

정현주 빈이 감히 주군의 배례가 끝나기를 기다리지 않는 것이다. 賓不敢俟成拜.

[公食大夫禮09 : 經 – 114]

개介는 들어올 때와 반대의 순서로 묘문廟門을 나간다.

介逆出.

정현주 빈이 할 일이 끝났기 때문이다. 以賓事畢.

[公食大夫禮09 : 經 – 115]

빈은 북쪽을 향해 읍揖을 하고, 폐백을 잡고 나간다.

賓北面揖, 執庭實以出.

정현주 '읍을 하고, 폐백을 잡는다'(揖執)는 것은 몸소 받았음을 보이는 것이다. '揖執'者, 示親受.

[公食大夫禮09 : 經 - 116]

공은 당에서 내려와 선다.

公降立.

정현주

빈이 돌아오기를 기다리는 것이다. 俟賓反.

[公食大夫禮09 : 經 - 117]

상개上介는 빈에게서 폐백을 받고, 종자從者는 (주국의 유사를) 맞이하여 사슴 가죽을 받는다.

上介受賓幣, 從者訝受皮.

정현주

'종자從者'는 부府·사史[6] 등의 속관을 가리킨다. '아訝'는 맞이한다는 뜻이다. 금문본에는 '梧受'(서로 맞이하여 받는다)라고 하였다. '從者', 府史之屬. '訝', 迎也. 今文曰'梧受'.

주

1_ 유폐 : 主人이 賓에게 食禮를 베풀 때 보내주는 예물을 '侑幣'라고 한다. '侑'는 권한다는 뜻이다. 主國의 군주가 다시 폐백을 보내서 두터운 정을 더 보이고 편안하게 해 줌으로써 더 먹기를 권하는 것이다. 侑幣'에는 束帛과 庭實(乘皮)이 있다.

2_ '속백'은 ~ 가리킨다 : 비단 열 단을 '束帛'이라고 한다. 매 端의 길이는 2丈으로 한다. 2端이 1兩이므로 10端은 5兩인데 그것을 1束이라 한다. 옛날 베나 비단을 접을 때에는 양 끝을 서로 향하게 하여 말았는데, 이것이 2端 1兩이 된다.

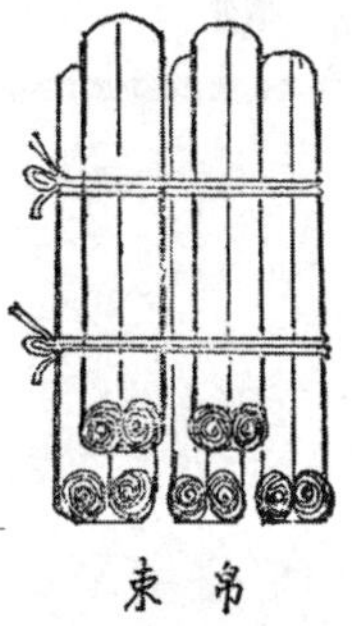

속백束帛

쳰쉬안, 『삼례사전』

3_ '서쪽을 향하여 선다'는 ~ 받는다 : 公은 주인이므로 당 위 동쪽 벽(東序)에 위치한다. 東序의 끝부분에서 속백을 받은 다음, 동서의 안쪽 부분에 위치하여 서쪽을 향해 서는 것이다.

4_ 빈은 ~ 따른다 : 호배휘에 따르면, 이 사이에 빈이 당을 내려가면 公이 한 계단을 따라 내려가서 빈이 사양하는 것을 사양하고, 이에 빈이 급히 계단을 올라와서 명을 따르는 절차가 생략되어 있다. 이에 대한 자세한 내용은 [빙례08 : 經－164]에서 [經－166]을 참조.

5_ '당 위 동쪽 ~ 것이다 : [빙례08 : 經－126]의 정현 주에서, "당의 중앙과 당 위 동쪽 기둥의 사이에서 하는 것은 또한 군주는 한 걸음을 걸으면 신하는 두 걸음을 걸어야 하기 때문이다"(東楹之間, 亦以君行一, 臣行二)라고 하였다. 주희는 "군주는 걸을 때 보폭이 넓어서 더디고, 신하는 걸을 때 보폭이 좁아서 빠르다. 그러므로 군주가 한 걸음을 걸으면 신하는 두 걸음을 걷는다. 감히 군주의 걸음과 같이하여 그 발자취를 밟지 못하는 것이다"고 하였다. 『의례정의』, 1008쪽 참조. "君行一, 臣行二"의 사례들에 관해서는 [빙례08 : 經－107], [빙례08 : 經－118], [빙례08 : 經－126]을 참조.

6_ 부·사 : 재정과 문서의 출납을 관리하던 胥吏를 말한다. 『주례』「천관·서관」에서 "府 6인, 史 12인"(府六人, 史十有二人)에 대한 정현 주에서, "府는 재화를 담당하고, 史는 문서를 담당한다. 府와 史는 모두 그 부서의 우두머리가 자체로 임명한다"(府, 治藏, 史, 掌書者. 凡府`史, 皆其官長所自辟除)고 하였다.

해제

經－118에서 經－124까지는 빈이 식사를 마치는 절차이다.

[公食大夫禮09 : 經－118]

빈은 묘문으로 들어가 왼쪽으로 나아가서, 낙수물받이(霤)가 끝나는 뜰 남쪽[1]에서, 북쪽을 향해 머리를 바닥에 대면서 재배를 한다.

賓入門左, 沒霤, 北面再拜稽首.

정현주

마음대로 물러간다면 사례食禮가 아직 끝마쳐지지 않은 것이다. 물러가지 않는다면 음식을 탐한다는 혐의가 있게 된다. 다시 들어와서 배례를 행하는 것은 이로써 물러나고자 하듯이 하는 것이다. 便退則食禮未卒. 不退則嫌. 更入行拜, 若欲從此退.

[公食大夫禮09 : 經－119]

공은 사양을 한다.

公辭.

정현주

빈이 배례하는 것을 그치게 하여, 식사를 끝마치게 하려는 것이다. 止其拜, 使之卒食.

[公食大夫禮09 : 經 – 120]

빈은 처음 들어올 때처럼 읍을 하고 양보를 하면서, 당으로 올라간다.

揖讓如初, 升.

정현주

처음 들어올 때처럼 하는 것이다. 如初入也.

[公食大夫禮09 : 經 – 121]

빈이 머리를 바닥에 대면서 재배를 하면, 공은 답으로 재배를 한다.

賓再拜稽首, 公答再拜.

정현주

빈이 배례를 하는 것은, 주국의 군주가 베푼 두터운 호의에 대해 배례하는 것이다. 빈이 읍을 하면, 개介가 들어와서 제자리로 돌아간다. 賓拜, 拜主國君之厚意. 賓揖, 介入復位.

[公食大夫禮09 : 經 – 122]

빈은 당에서 내려와서 공에게 사양하는데 처음의 절차와 같게 한다.

賓降辭公如初.

정현주

장차 다시 먹으려는 것이다. 將復食.

[公食大夫禮09 : 經－123]

빈이 당으로 올라가면, 공은 읍을 하고 동상東箱으로 물러간다. 빈은 찰기장 밥과 메기장 밥을 먹는 것을 마치는데, 세 번 음료를 마셔 입가심을 한다.[2]

賓升, 公揖退于箱. 賓卒食會飯, 三飲.

정현주

'졸卒'은 마친다는 뜻이다. 뚜껑 덮인 밥(會飯)을 먹는 것을 마치고 세 번 음료를 마셔 입가심을 하는 것이다. '뚜껑 덮인 밥'(會飯)은 (둥근 밥그릇에 담긴) 찰기장 밥과 메기장 밥을 가리킨다.[3] 여기에서 찰기장 밥과 메기장 밥을 먹는다면, 처음에는 쌀밥과 수수밥을 먹은 것이다. '卒', 已也. 已食會飯, 三漱漿也. '會飯'謂黍稷也. 此食黍稷, 則初時食稻粱.

[公食大夫禮09 : 經－124]

장과 고기국물에 먹지 않는다.

不以醬湆.

정현주

다시 정찬正饌을 사용하지 않는 것이다. 처음에 가찬加饌의 밥을 먹을 때는 정찬에 먹고, 여기서 정찬의 밥을 먹을 때는 (가찬인) 여러 가지 맛난 음식(庶羞)에 먹어서 서로 함께 예찬을 이루는 것이다. 고기국물(湆)을 나중에 말한 것은 때로는 나중에 사용하기도 하기 때문이다.[4] 不復用正饌也. 初時食加飯用正饌, 此食正飯用庶羞, 互相成也. 後言湆者, 或時後用.

주

1_ 낙수물받이가 끝나는 뜰 남쪽 : '沒霤'에 대해서 장이기는 "문 처마의 낙수물받이가 끝나는 곳"(門簷霤盡處)이라고 하였고, 오계공은 '뜰의 남쪽'(庭南)이라고 하였다. 의미가 모두 통한다. 『의례정의』, 1233쪽 참조.

2_ 세 번 음료를 ~ 한다 : 오계공은, 앞서 정찬을 먹을 때 세 번 먹는 三飯을 하고 한 차례 음료를 마셔 입가심을 했으므로, 여기서 세 번 음료를 마셔 입가심을 하는 '三飮'은 아홉 번 밥을 먹은 '九飯'을 의미한다고 본다. 『의례정의』, 1234쪽 참조. 『예경석례』에서도 이를 근거로, 食禮는 처음 정찬을 먹는 初食이 三飯이고, 식사를 마치는 卒食이 九飯이라고 하였으며, 오정화 역시 정찬의 三飯과 여기서의 三飮 九飯을 합쳐서, 正食은 총 十二飯이라고 하였다. 『의례정의』, 1230쪽 참조.

3_ '뚜껑 덮인 밥'은 ~ 가리킨다 : '會'는 둥근 밥그릇의 뚜껑을 가리킨다. 앞서 [經-67]에서 재부가 찰기장 밥과 메기장 밥을 진설할 때 "재부가 동쪽을 향하여 앉아서 둥근 밥그릇의 뚜껑을 열고 각각 둥근 밥그릇의 서쪽에 뒤집어 놓는다"(宰夫東面, 坐啟簋會, 各卻于其西)고 하였고, 쌀밥과 수수밥의 경우에는 이와 같은 말이 없었으므로, "뚜껑 덮인 밥"(會飯)은 둥근 밥그릇에 담긴 찰기장 밥과 메기장 밥을 가리킴을 알 수 있다.

4_ 고기국물을 ~ 때문이다 : 정현은 앞서 [공사대부례09 :經-100]의 "以湆醬"에 대해 "밥을 먹을 때마다 고기국물(湆)을 마시고 뼈 붙은 희생고기(殽)를 醬에 적셔서 먹는 것은 정찬을 먹는 것이다"라고 하였고, 여기서의 "以醬湆"에 대해서는 "고기국물(湆)을 나중에 말한 것은 때로는 나중에 사용하기도 하기 때문이다"라고 하였다. 이러한 정현의 주에 대해서, 가공언은 앞에서는 고기국물(湆)을 먼저 사용함을 말한 것이고, 여기서는 앞의 三飯 이후에도 고기국물(湆)을 사용할 수도 있음을 말한 것이라고 설명한다. 『의례주소』, 573쪽 참조. 그러나 성세좌는 앞의 경문에서 "以湆醬"이라고 한 것은 먹는 순서에 따른 것이지만, 여기서 "以醬湆"이라고 한 것은, 먹지 않는 것이기 때문에 순서 없이 쓴 것뿐이라고 보고, 정현의 해석은 잘못이라고 비판한다. 호배휘도 성세좌의 설을 지지한다. 『의례정의』, 1235쪽 참조.

해제 經－125에서 經－128까지는 예가 끝나고 빈이 나가는 절차이다.

[公食大夫禮09 : 經－125]

빈은 손을 문질러 닦고 일어나서, 북쪽을 향해 앉아 수수밥과 장醬을 집어 들고 당에서 내려간 뒤에, 서쪽을 향해 앉아서 서쪽 계단의 서쪽에 내려놓는다.

捝手, 興, 北面坐取粱與醬以降, 西面坐奠于階西.

정현주 몸소 예찬을 거두는 것을 보이는 것이다. 가지고 나가지 않는 것은, 마땅히 얻을 것이 아니기 때문이고,[1] 또 이미 유폐侑幣를 얻었기 때문이다. 示親徹也. 不以出者, 非所當得, 又以已得侑幣.

[公食大夫禮09 : 經－126]

빈은 동쪽을 향해서 머리를 바닥에 대면서 재배를 한다.

東面再拜稽首.

정현주 식사를 마치고 배례하는 것이다. 북쪽을 향하지 않는 것은 사양하고 물러가려는 경우와 다르기 때문이다.[2] 卒食拜也. 不北面者, 異於辭.

[公食大夫禮09 : 經 - 127]

공은 당에서 내려가, 답으로 재배를 한다.

公降, 再拜.

정현주

빈에게 답을 하는 것이니, 사양하여 당에 오르도록 하지 않는 것은 예에 마침이 있음을 밝히는 것이다.[3] 答之也, 不辭之使升堂, 明禮有終.

[公食大夫禮09 : 經 - 128]

개介가 먼저 나가고 빈이 나간다. 공은 대문 안에서 전송하고 재배한다. 빈은 돌아보지 않는다.

介逆出, 賓出. 公送于大門內, 再拜. 賓不顧.

정현주

처음에 올 때에는 읍을 하여 사양했으나 물러갈 때는 돌아보지 않으니, 물러가는 예는 간략하다. 나아가는 것은 신중하여 어렵게 하고 물러가는 것은 용감하여 쉽게 하는 의리를 보이는 것이다. 빈자擯者가 빈이 돌아보지 않고 갔다고 공에게 고하면, 공은 이에 노침路寢으로 돌아간다. 初來揖讓, 而退不顧, 退禮略也. 示難進易退之義. 擯者以賓不顧告公, 公乃還也.

주

1_ 마땅히 얻을 ~ 때문이고 : 소, 양, 돼지의 三牲의 俎가 마땅히 얻을 수 있는 것이다. 『의례정의』, 1236쪽 참조.

2_ 북쪽을 ~ 때문이다 : 앞서 [經-118]에서 빈이 뜰 남쪽에서 북쪽을 향해 再拜稽首를 하면서 물러갈 뜻을 보이던 절차를 가리킨다.

3_ 사양하여 당에 ~ 것이다 : 방포는 정현과는 다른 해석을 보여 준다. 빈이 당에서 내려가 再拜稽首한 것에 대해서 公이 같이 당에서 내려가 答拜를 한 것은, 빈으로 하여금 다시 당에 오르게 할 수 없기 때문이며, 이것은 빈이 본국의 신하와 같은 禮로 자신을 대했다고 해서 끝내 그를 감히 신하의 예로 대하지 않는 것임을 의미한다고 본다. 『의례정의』, 1236쪽 참조.

해제 經－129에서 經－130까지는 희생제기(俎)에 담았던 고기를 빈에게 보내는 절차이다.

[公食大夫禮09 : 經－129]

유사는 희생제기에 담긴 세 가지 희생고기를 함께 거두어서, 빈이 머무는 관사로 보낸다.

有司卷三牲之俎, 歸于賓館.

정현주

'권卷'은 거둔다는 뜻이다. 남겨두는 것이 없다는 말이다. 희생제기에 담는 세 가지 희생고기는 정찬正饌에서도 더욱 존귀한 것인데, 남김없이 빈에게 보내는 것은 그를 지극히 존중하는 것이다. 희생제기에 담긴 고기를 보낼 때는 (남김없이) 대광주리(筐)에 담는데,[1] 다른 때에는 남겨두는 것이 있기 때문이다.[2] '卷'猶收也. 無遺之辭也. 三牲之俎, 正饌尤尊, 盡以歸賓, 尊之至也. 歸俎者實于筐, 它時有所釋故.

[公食大夫禮09 : 經－130]

건어와 말린 고기는 그 안에 없다.[3]

魚·腊不與.

정현주

희생제기에 담긴 세 가지 희생고기를 남기지 않기 때문

이다. 예에서 남은 것이 있으면 은혜를 베푼다. 소·양의 창자와 위 및 돼지고기의 겹질 부위들을 말하지 않는 것은, 건어나 말린 고기의 아래 등급에 있는 것이기 때문이니, 그 안에 없음을 알 수 있다. 고문본에는 '與'가 '豫'로 되어 있다. 以三牲之俎無所釋故也. 禮之有餘爲施惠. 不言腸胃膚者, 在魚·腊下, 不與可知也. 古文'與'作'豫'.

주

1_ 희생제기에 ~ 담는데 : 吉祭인 「특생궤사례」 등에서는, 시동이 먹고 남긴 음식은 시동을 공경하기 위해 마련한 시동의 제기, 즉 肵俎 위에 올려놓고, 예가 끝난 후에는 시동에게 보내 준다. 그러나 여기 食禮에서는 기조가 없으므로 대광주리(篚)에 담는 것이다.

2_ 희생제기에 담긴 ~ 때문이다 : '다른 때'란 「특생궤사례」나 「사우례」 등의 경우를 가리킨다. 「특생궤사례」나 「사우례」에서는 희생고기를 俎와 篚에 남겨서 陽厭(시동이 예를 마치고 일어난 뒤에 俎를 거두어 서북쪽 모퉁이에 다시 진설하고 더 흠향하도록 하는 것)에 대비하지만, 食禮에서는 남겨두는 것이 없기 때문에 모두 대광주리에 담아서 빈에게 보낸다는 뜻이다.

3_ 건어와 ~ 없다 : 건어와 말린 고기는 희생고기에 비하면 사소한 것이므로, 대광주리에 담아 보내는 데에 넣지 않는다는 뜻이다. 따라서 건어나 말린 고기보다 더 낮은 등급인 소·양의 창자나 돼지고기의 껍질 부위는 당연히 보내지 않음을 알 수 있다.

해제 經－131에서 經－132까지는 빈이 주인이 베풀어 준 것에 대해 배례하는 절차이다.

[公食大夫禮09 : 經－131]

다음날, 빈은 조복朝服을 갖추어 입고 대문 밖의 조朝(外朝)에서 공이 베풀어 준 것에 대해 배례를 한다. 베풀어 준 음식과 폐백에 대해 배례하는데, 모두 머리를 바닥에 대면서 재배한다.

明日, 賓朝服拜賜于朝. 拜食與侑幣, 皆再拜稽首.

정현주 '조朝'는 대문大門 밖을 가리킨다. '朝', 謂大門外.

[公食大夫禮09 : 經－132]

아訝는 그 말을 전달한다.

訝聽之.

정현주 그 말을 받아서, 들어가 아뢰고 나와서 알리는 것이다. 이곳의 하대부下大夫는 사아士訝[1]를 둔다. 受其言, 入告出報也. 此下大夫有士訝.

주

1_ 사아 : 「빙례」 정현 주에 "군주의 명으로 빈을 맞이하는 사람을 '訝'라고 한다"(以君命迎賓謂之'訝')고 하였다. 『주례』 「추관 · 掌訝」에 따르면, 빈이 제후인 경우에는 卿을 아로 삼고, 빈이 경이라면 大夫를 아로 삼고, 빈이 대부라면 士를 아로 삼으며, 빈이 사인 경우에도 모두 訝를 둔다.(凡賓客, 諸侯有卿訝, 卿有大夫訝, 大夫有士訝, 士皆有訝)

해제 經－133에서 經－136까지는 상대부의 사례食禮에서, 하대부의 사례와 다른 점이다.

[公食大夫禮09 : 經－133]

상대부[1]에게는 8개의 나무제기·8개의 둥근 밥그릇·6개의 국그릇·9개의 희생제기를 올리는데, 물고기(魚)와 희생고기(腊) 모두 2개씩의 희생제기에 담아서 올린다.[2]

上大夫八豆·八簋·六鉶·九俎, 魚·腊皆二俎.

정현주

공이 상대부에게 음식을 대접할 때는 하대부에게 대접할 때의 수數와 다름을 기록한 것이다.[3] 나무제기는 아욱절임(葵菹)을 담은 나무제기와 달팽이젓갈(蠃醢)을 담은 나무제기를 더하여 4개씩 4열로 만든다.[4] 희생제기는 신선한 물고기(鮮魚)를 담은 희생제기와 잘라서 아직 말리지 않은 고기(鮮腊)[5]를 담은 희생제기를 더하여 3개씩 3열을 만들고 따로 1개의 희생제기를 놓지 않는다.[6] 記公食上大夫, 異於下大夫之數. 豆加葵菹·蝸醢, 四四爲列. 俎加鮮魚·鮮腊, 三三爲列, 無特.

[公食大夫禮09 : 經－134]

(상대부에게는) 물고기, 소·양의 창자와 위, 돼지고기의 부드러운 껍질 부위(倫膚)를 9조각 내지 11조각을 담는다. 하대부의 경우는 7

조각 내지 9조각을 담는다.
魚·腸胃·倫膚, 若九若十有一. 下大夫則若七若九.

정현주

이것은 명수命數[7]에 따라 차등을 둔 것이다. '9조각'은 재명再命[8]의 경우를 말한다. '11조각'은 삼명三命의 경우를 말하고, '7조각'은 一命의 경우를 말한다. 9조각인데 '상上'이기도 하고 '하下'이기도 한 것[9]은 재명이 소국小國의 경卿과 차국次國의 대부大夫를 가리키기 때문이다. 경이면 '상上'이라고 하고 대부이면 '하下'라고 한다. 대국大國의 고孤는 자子·남男으로 간주한다. 此以命數爲差也. 九謂再命者也. 十一謂三命者也, 七謂一命者也. 九或上或下者, 再命謂小國之卿, 次國之大夫也. 卿則曰'上', 大夫則曰'下'. 大國之孤視子男.

[公食大夫禮09 : 經 – 135]

여러 가지 맛난 음식을 서쪽에서 동쪽으로 진설하는데 4줄을 넘지 않도록 한다.
庶羞, 西東毋過四列.

정현주

상대부와 하대부의 경우를 가리킨다. 고문본에는 '毋'가 '無'로 되어 있다. 謂上下大夫也. 古文'毋'爲'無'.

[公食大夫禮09 : 經 – 136]

상대부의 경우는 여러 가지 맛난 음식이 20개의 나무제기에 진설되는데, 하대부의 경우보다 꿩·토끼·메추라기·세 가락 메추라기를 담은 4개의 나무제기를 더한 것이다.

上大夫庶羞二十, 加於下大夫以雉·兔·鶉·駕.

정현주

'여駕'는 무모無母[10]이다. 駕, 無母.

주

1_ 상대부 : 빙례의 大聘에는 卿을 보내는데, 上大夫가 곧 경이다. 그러므로 그에게 음식을 대접하는 것이 「빙례」에서 주군이 경(상대부)인 빈에게 饔(죽은 희생)과 餼(살아 있는 희생)를 보내주는 예(歸饔)와 대체적으로 같다. 『의례정의』, 1238쪽 참조.

2_ 물고기와 희생고기 ~ 올린다 : 앞서 정찬에 올린 魚·腊은 건어와 말린 고기였지만, 상대부의 사례에는 鮮魚와 鮮腊을 더한다. 그러므로 魚·腊을 올리는데 각각 말린 것과 신선한 것 2가지씩을 올린다는 뜻이다. 『의례정의』, 1238쪽 참조.

3_ 공이 ~ 것이다 : 앞서 하대부에게 음식을 대접할 때에는 6개의 나무제기·6개의 둥근 밥그릇·4개의 국그릇·7개의 희생제기를 올렸다. 상대부에게는 이보다 2개씩을 더한 것이다.

4_ 4개씩 4열로 만든다 : 경문의 '四四爲列'에 대해서 호배휘는 '二四爲列'의 잘못으로 본다. 그렇게 되면 8개의 豆를 줄마다 4개씩 2열로 놓는다는 뜻이 된다. 정현은 豆와 簋의 진설을, 호배휘는 豆의 진설만을 설명하는 것이 된다. 『의례정의』, 1239쪽 참조.

5_ 잘라서 아직 말리지 않은 고기 : 호배휘에 따르면 '鮮腊'은 잘라서 아직 말리지 않은 것(析而末乾也)이다. 희생의 몸체를 통째로 말린 것을 '腊'이라 하는데, 모든 말린 고기(乾肉)를 '腊'이라 통칭하기도 한다. 『주례』「천관·腊人」에 "腊人은 乾肉을 관장한다. 대개 사냥을 하여 잡은 짐승을, 얇게 자르거나, 작은 짐승을 통째로 말리거나, 얇게 썬 큰 고기조각으로 만들거나, 소금에 절였으나 아직 말리지 않은 고기로 만드는 일을 담당한다"(腊人, 掌乾肉. 凡田獸之脯·腊·膴·胖之事)고 하였는데, 정현은 주에서, "큰 짐승을 해체하여 말린 것을 乾肉이라 하는데, 오늘날 凉州의 烏翅와 같은 것이다. 얇게 자른 것을 脯라고 하는데, 두들겨서 생강과 계피를 넣은 것은 '鍛脩'라고 한다. '腊'은 작은 짐승을 통째로 말린 것이다"(大物解肆乾之, 謂之乾肉, 若今凉州烏翅矣. 薄折曰脯, 棰之而施薑桂曰鍛脩. 腊, 小物全乾)라고 하였다. 따라서 협의의 '腊'은 작은 짐승을 통째로 말린 것을 가리키지만, 광의의 '腊'은 큰 짐승의 몸체를 잘라서 말린 것, 포와 단수로 만든 것, 소금에 절여 장차 말릴 것이지만 아직 말리지 않은 것 등을 모두 포함하는 이름임을 알 수 있다. 그러므로 진상도는 "통째로 말린 것을 석이라 한다"(全而乾之曰腊)고 하였고, 호배휘는 "잘라서 아직 말리지 않은 것"(析而末乾也)을 鮮腊이라 한다"고 하였으며, 「소뢰궤사례」에서는 "말린 고기는 좌우의 전체 몸체를 하나의 세발솥 안에 담는데, 말린 고기로는 큰 사슴고기를 쓴다"(腊一純而鼎, 腊用麋)고 한 것이다. 『의례정의』, 1201쪽 및 『의례정의』, 1056쪽 참조.

6_ 희생제기를 더하여 ~ 않는다 : 앞서 소빙을 온 하대부의 正饌은 7俎여서 膚俎를 오른쪽에 따로 진설하고 나머지 6俎를 方形으로 진설했다. 그러나 대빙을 온 상대부의 경우, 3개씩 3열이면 전체적인 형태가 方形이 되므로 하나의 俎를 따로 놓을 필요가 없다는 뜻이다.

7_ 명수 : 周代의 官爵은 9등급으로 나뉘는데, 이것을 九命이라고 한다. 命數는 그 등

급을 가리킨다. 九命이 가장 높은 등급이고 一命이 가장 낮은 등급이다. 『주례』「춘관·典命」의 기록들에 의하면, 上公은 九命으로 伯이 되고, 王의 三公은 八命, 侯·伯은 七命, 王의 卿은 六命, 子·男은 五命, 王의 大夫와 公의 孤(고경)는 四命, 公·侯·伯의 卿은 三命, 公·侯·伯의 大夫와 子·男의 卿은 再命, 公·侯·伯의 士와 子男의 大夫는 一命이며, 子·男의 士는 정식으로 임명을 받지 않으므로 不命이다. 命數에 따라서 그에게 수여되는 宮室·車旗·衣服·禮儀 등의 규모와 규정이 다르다.

8_ 재명 : 再命은 9등급 가운데 8번째 등급이다. 天子의 中士, 公·侯·伯의 大夫, 子·男의 卿이 모두 再命에 속한다.

9_ 9조각인데 ~ 한 것 : 再命은 모두 9조각인데, 상대부인 小國의 卿은 經文 上句의 9조각이 해당되고 하대부인 次國의 大夫는 經文 下句의 9조각이 해당된다는 뜻이다. 『의례정의』, 1240쪽 참조.

10_ 무모 : '鴽'의 다른 이름인 '無母'에 대해, 『爾雅』「釋鳥」에서는 '無母'를 '鴾母'라고 한다. 『의례정의』, 1241쪽 참조. '鴽'는 세 가락의 줄무늬가 있는 작은 메추라기이다.

해제 經-137에서 經-145까지는 주군이 몸소 사례를 베풀지 못할 경우에, 사자를 보내어 대접하게 하는 절차이다.

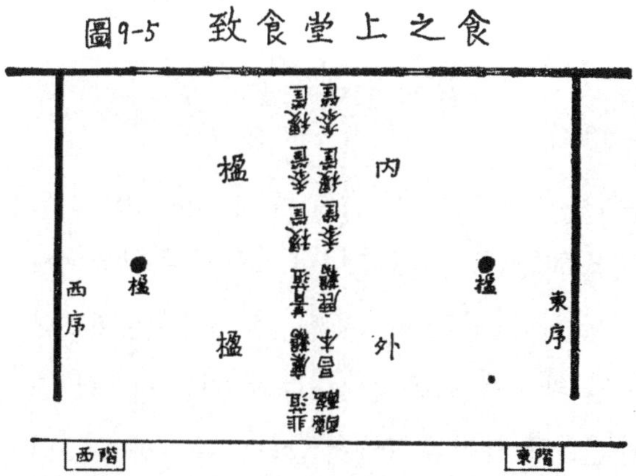

치사당상지사致食堂上之食

양톈위, 『의례역주』

[公食大夫禮09 : 經-137]

만약 공이 직접 사례食禮를 거행하지 못할 경우,

若不親食,

정현주 주국主國의 군주가 질병이 있거나 다른 일이 있는 경우를 가리킨다. 謂主國君有疾病, 若它故.

[公食大夫禮09 : 經－138]

각각의 빈과 동등한 작위를 가진 대부大夫를 보내는데, 조복朝服을 입고 유폐侑幣를 가지고 가서 음식을 바치도록 한다.

使大夫各以其爵, 朝服以侑幣致之.

정현주

폐백을 잡고서 명命을 전하는 것이다. 執幣以將命.

[公食大夫禮09 : 經－139]

나무제기에 담을 음식은 독(甕)에 담아서 당 위 기둥(楹) 밖(남쪽)으로 두 기둥 사이에 진설하는데, 두 개씩 나란하게 하여 남쪽에서 북쪽으로 향하도록 진설한다. 둥근 밥그릇에 담을 음식은 네모난 광주리(筐)에 담아서 당 위 기둥 안쪽(북쪽)으로 두 기둥 사이에 진설하는데, 두 개씩 나란하게 하여 북쪽에서 남쪽으로 향하도록 진설한다.

豆實, 實于甕, 陳于楹外, 二以並 北陳. 簋實, 實于筐, 陳于楹內兩楹間, 二以並, 南陳.

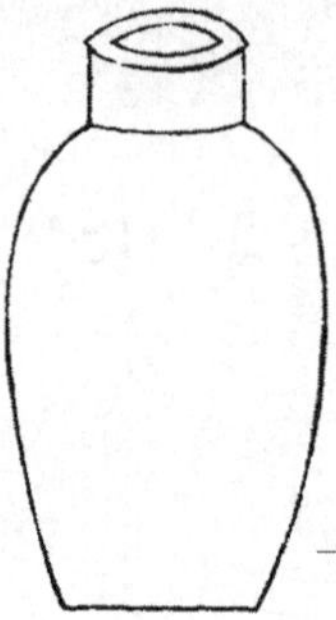

옹甕

섭숭의(宋), 『삼례도』

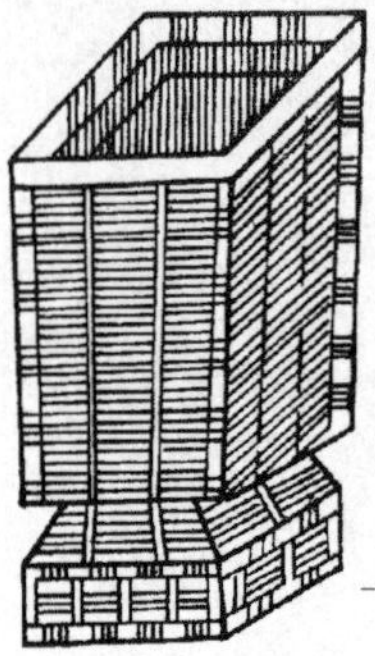

광筐

황이주(淸), 『예서통고』

정현주

독(甕)과 네모난 광주리(筐)를 당 위 기둥(楹)에 진설하는 것은 당 중앙에서 주고받는 것을 본뜬 것이다. 남쪽과 북쪽으로 서로 마주 보도록 하여 밥과 반찬이 같은 열에 있는 것이다. 독을 남쪽에서 북쪽으로 향하도록 진설하는 것은 밥을 진열하는 방법과 다르게 변화시킨 것이다.[1] 독의 수는 나무제기의 수와 같은데, 고기젓갈(醢)과 겨자장(芥醬)이 따른다. 네모난 광주리에 담긴 곡물은 네 가지이다.[2] 금문본에는 '並'이 '併'으로 되어 있다. 陳甕筐於楹間者, 象授受於堂中也. 南北相當, 以食饌同列耳. 甕北陳者, 變於食. 甕數如豆, 醢·芥醬從焉. 筐米四. 今文'並'作'併'.

[公食大夫禮09 : 經 – 140]

여러 가지 맛난 음식(庶羞)은 비碑[3]의 안쪽(북쪽)에 진설한다.

庶羞陳于碑內.

정현주

활어(生魚)이다.[4] 건어와 말린 고기가 뒤따른다. 상대부의 경우에는 생선(鮮魚)·잘라서 아직 말리지 않은 고기(鮮腊)·꿩·토끼·메추라기·세 가락 메추라기를 더한다. 당堂에 진설하지 않는 것은 정찬正饌을 피하는 것이다. 生魚也. 魚腊從焉. 上大夫加鮮魚·鮮腊·雉·兔·鶉·鴽. 不陳于堂, 辟正饌.

[公食大夫禮09 : 經 – 141]

정실庭實을 비碑의 바깥쪽에 진설한다.

庭實陳于碑外.

정현주 네 장의 사슴 가죽을 잡은 사람이, 뜰을 삼분하여 그 하나가 남쪽에 있는 곳(뜰의 남쪽 3분의 1 지점)에 있지 않는 것은, 빈賓에게 귀속되므로 마땅히 안쪽 가까이에 있어야 함을 말하는 것이다.[5] 執乘皮者也, 不參分庭一在南者, 以言歸, 宜近內.

[公食大夫禮09 : 經－142]

소·말·돼지를 문 안의 서쪽에 진열해 놓는데, 동쪽을 윗자리로 삼는다.

牛·羊·豕陳于門內西方, 東上.

정현주 빈관賓館의 뜰을 밟아서 더럽히기 때문에, 밖에 가깝도록 진열하는 것이다. 爲其踐汙館庭, 使近外.

[公食大夫禮09 : 經－143]

빈은 조복 차림으로 보내온 것을 받는데, 죽은 희생(饔)과 살아 있는 희생(餼)을 받는 예[6]와 같이 한다.

賓朝服以受, 如受饔禮.

정현주 조복 차림을 하는 것은 사례食禮가 가벼운 예이기 때문이다.[7] 朝服, 食禮輕也.

[公食大夫禮09 : 經－144]

빈이 대부를 맞이하여 대접하는 빈례儐禮의 절차는 없다.[8]

無擯[9].

정현주

빈 자신이 본래 마땅히 와야 하는 것이기 때문이다.[10] 以已本宜往.

[公食大夫禮09 : 經－145]

다음날, 빈은 조복을 입고 조朝에서 공이 내려준 음식과 유폐侑幣에 대해서 배례를 한다. 아訝가 들어가 아뢰고 나와서 알린다.

明日, 賓朝服以拜賜于朝. 訝聽命.

정현주

'내려준 것'(賜)은 또한 음식과 유폐侑幣를 말한다. '賜'亦謂食, 侑幣.

주

1_ 밥을 진열하는 ~ 것이다 : 밥을 담은 네모진 밥그릇은 북쪽에서 남쪽으로 진설(南陳)하기 때문에 다르게 변화를 주었다고 한 것이다.

2_ 광주리에 담긴 곡물은 네 가지이다 : 광주리에 담긴 네 가지의 곡물은 黍, 稷, 稻, 粱을 가리킨다.

3_ 비 : 堂下에서 廟門에 이르는 뜰(庭)을 삼분하여 그 하나가 북쪽이 되는 곳, 즉 뜰의 북쪽 3분의 1 지점에 돌로 만든 '碑'를 설치한다. 이것으로 해 그림자를 관측해서 시간을 계산하거나 희생을 매다는 데에 이용한다. 앞서 [經-24]의 정현 주 및 황이주 '廟制圖' 참조.

4_ 활어이다 : 庶羞의 생선 저민 것, 즉 생선회(魚膾)에 사용될 살아 있는 물고기이다. 『의례정의』, 1242쪽 참조.

5_ 네 장의 ~ 것이다 : 碑는 뜰의 북쪽 3분의 1이 되는 지점에 있다. 따라서 경문의 '비의 바깥쪽'이란 이 지점보다 남쪽이라는 뜻으로, 이곳에 庭實을 진설한다는 뜻이다. 정실을 진설하는 正法은 뜰의 남쪽 3분의 1 지점에 진설하는 것인데, 경문에서 '비의 바깥쪽'이라고 한 것에 대해, 정현은 이것이 "뜰의 남쪽 3분의 1 지점에 있지 않은 것"이라 해석하고 있다. 가공언은 이러한 정현의 해석에 대해서, 정실을 진설하는 正法이 뜰의 남쪽 3분의 1 지점인 것은, 주인의 뜰에서 빈이 바깥을 향하는 것에 비겨서 남쪽 가까운 곳에 진설하는 것이고, 여기서는 客館(賓館)에 진설하는 것이므로, 빈이 안에 들어가 있는 것에 비겨서 안쪽에 진설한다고 한 것으로 본다. 『의례주소』, 578쪽 참조. 호배휘 역시 정현의 해석을, '뜰의 남쪽 3분의 1지점보다는 안쪽(북쪽)'을 가리키는 것으로 본다. 즉 비의 바깥쪽인 남쪽이지만, 정실의 본래 위치보다는 조금 안쪽이라는 뜻이다. 『의례정의』, 1234쪽 참조.

6_ 죽은 희생과 살아 있는 희생을 받는 예 : 受饔은 饔·餼를 받는 예를 가리킨다. 饔·餼는 聘禮에서 군주가 빈객에게 음식과 폐백을 보내는 禮이다. [빙례08 : 經-228]의 정현 주에서 "희생 가운데 죽은 것을 '饔'이라 하고, 살아 있는 것을 '餼'라고 한다"(牲, 殺曰'饔', 生曰'餼.')고 하였다. 호배휘는 '饔'에는 익힌 고기(飪)와 날고기(腥)가 포함되고, '餼'는 生物만을 말한다고 하였다. 饔·餼를 받는 예의 절차는 [빙례08 : 經-227]에서 [經-275]까지를 참조. 『의례정의』, 1054쪽 참조.

7_ 조복 차림을 ~ 때문이다 : 聘禮에서 饔·餼를 받을 때 皮弁을 착용하는 것과 비교한 것이다. [빙례08 : 經-249]를 참조.

8_ 빈례의 절차는 없다 : 빈과 주인의 行禮가 끝난 후에 주인이 束帛 등의 예물로 빈을 대접하는 예를 '儐'이라고 한다. 주인이 예주(醴)를 가지고 빈을 대접하면 이를 '禮'라고 하고, 예주를 사용하지 않으면 '儐'이라고 한다. 예주를 사용하지 않을 경우 束錦이나 乘馬 등을 사용한다. 『三禮辭典』 1098쪽 참조. 위에서 "죽은 희생(饔)과 살아 있는 희생(餼)을 받는 예와 같이 한다"고 하였고, 옹(饔)·희(餼)을 받을 때에는 儐禮가 있는데, 여기서는 없으므로 정현이 이를 밝힌 것이다.

9_ 擯 : 「校勘記」에 따르면, '擯'은 唐石經, 徐本, 『集釋』, 吳氏本에 있고, 『通解』, 楊氏, 毛本

에는 '儐'으로 되어 있다. 호배휘의 『의례정의』 또한 '儐'으로 되어 있다. 여기서는 『의례정의』를 따른다.

10_ 빈 자신이 ~ 때문이다 : 장이기는 「聘禮」 注에서, 食禮는 본래 군주가 있는 곳으로 빈이 와서 예를 받아야 하는 것이므로 使者에게 儐禮를 해 주는 법이 없는 것이라고 설명하였다. 『의례정의』, 1091쪽 참조.

「대부상식도大夫相食圖」

(淸),『의례의소』

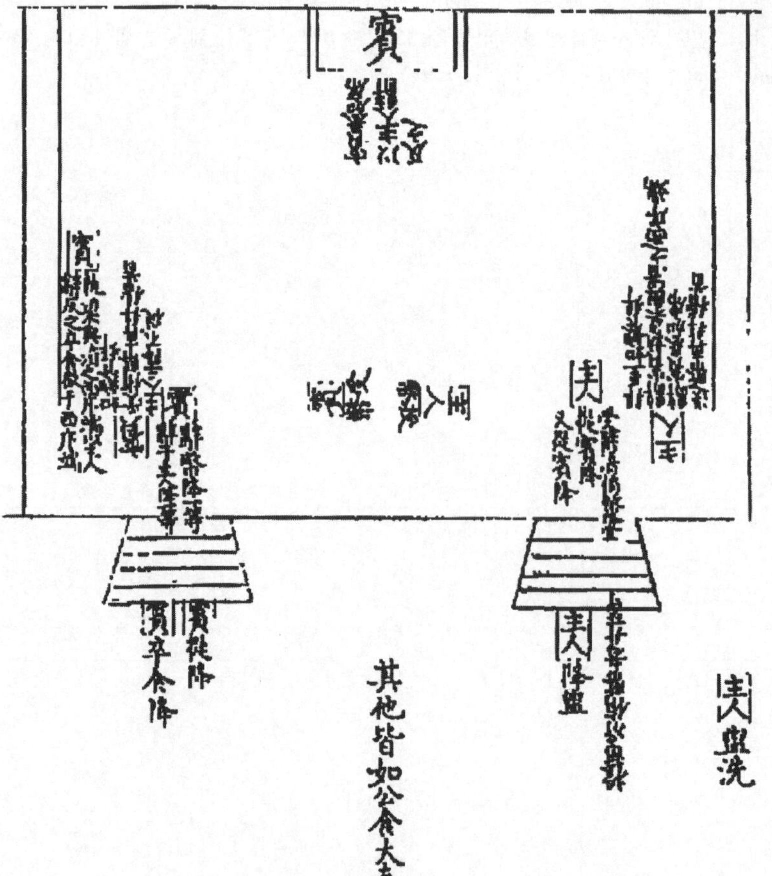

해제 經－146에서 經－156까지는 대부가 서로 사례를 거행하는 예이다.

[公食大夫禮09 : 經－146]

대부가 서로 사례食禮를 거행할 때[1]는 몸소 빈에게 가서 알리고 초청한다.

大夫相食, 親戒速.

정현주 군君이 사례食禮를 거행하는 경우와 다른 점을 기록한 것이다.[2] '속速'은 부른다는 뜻이다. 먼저 가서 알리고, 돌아와서 예찬을 갖추고, 다 갖추고 나면 다시 자신이 가서 초청한다. 記異於君者也. '速', 召也. 先就告之, 歸具, 旣具, 復自召之.

[公食大夫禮09 : 經－147]

주인은 문 밖에서 빈을 맞이하고, 와 준 것에 대해 배례하는데, 모두 향례饗禮에서 배례하는 것과 같은 절차로 한다.

迎賓于門外, 拜至, 皆如饗拜.

정현주 '향饗'[3]은 대부가 서로 향례를 베푸는 예를 가리키는데, 오늘날에는 망실되었다. 고문본에는 '饗'이 '鄕'으로 되어 있기도 하다. '饗',

大夫相饗之禮也, 今亡. 古文'饗'或作'鄕'.

[公食大夫禮09 : 經－148]

주인은 당에서 내려와 손을 씻고, 장醬과 고기국물(湆)과 유폐侑幣인 속금束錦을 받는데, 모두 조계로 당에서 한 계단 내려가 받고, 주는 사람(주인의 가신)[4]은 조계로 한 계단 올라가서 준다.

降盥, 受醬·湆·侑幣束錦也, 皆自阼階降堂受, 授者升一等.

정현주 '모두'(皆)라는 것은 장醬을 받고, 고기국물(湆)을 받고, 폐백을 받는 절차들을 가리킨다. 유폐로 속금을 사용하는 것은 대부가 문식을 (더 많이) 하는 경우이다.[5] '당에서 내려간다'(降堂)는 것은 계단 위에서 멈춘다는 뜻이다. 금문본에는 '束'이 없다. '皆'者, 謂受醬·受湆·受幣也. 侑用束錦, 大夫文也. '降堂', 謂止階上. 今文無'束'.

[公食大夫禮09 : 經－149]

(주인이 당에서 내려갈 때) 빈은 당 위에 멈추어 선다.

賓止也.

정현주 주인이 세 차례 당을 내려갈 때, 빈이 따르지 않는 것이다.[6] 主人三降, 賓不從.

[公食大夫禮09 : 經 – 150]

빈은 수수밥(粱)을 담은 네모진 밥그릇과 고기국물(湇)을 담은 질그릇제기를 집어서 당 위 서쪽 벽(西序)의 끝으로 간다.

賓執粱與湇, 之西序端.

정현주

감히 존귀한 곳에서 먹지 않는 것이다.[7] 不敢食於尊處.

[公食大夫禮09 : 經 – 151]

주인이 사양을 하면 빈은 자리로 돌아오는데, 덧까는 자리(加席)를 말아서 놓으면 주인은 사양하고, 빈은 다시 자리를 편다. 빈이 유폐를 사양하여 한 계단을 내려오면, 주인도 따라서 내려온다.

主人辭, 賓反之, 卷加席, 主人辭, 賓反之. 辭幣, 降一等, 主人從.

정현주

(빈이 계단을 내려오는 것에 대해서 주인도) 따라서 내려와 사양하는 것이다. 從辭賓降.

[公食大夫禮09 : 經 – 152]

빈은 유폐를 받고 머리를 바닥에 대면서 재배한다. 주인이 유폐를 보내고 배례를 할 때에도 그와 같이 한다.

受侑幣, 再拜稽首. 主人送幣, 亦然.

정현주

대등하기 때문이다. 敵也.

[公食大夫禮09：經－153]

빈이 (주인이 자기가 식사하는 데에 몸소 임한 것에 대해서) 사양하며 한 계단을 내려가면, 주인은 따라서 한 계단을 내려간다.

辭於主人, 降一等, 主人從.

정현주

'사양한다'(辭)는 것은 자기가 식사하는 데에 임한 것에 대해서 사양한다는 뜻이다. '辭'謂辭其臨已食.

[公食大夫禮09：經－154]

빈은 식사를 마치면, 당 위 서쪽 벽(西序)의 끝에서 예찬을 거둔다.

卒食, 徹于西序端.

정현주

빈도 또한 몸소 거두는 것이다. 亦親徹.

[公食大夫禮09：經－155]

빈은 동쪽을 향해서 재배하고,[8] 당에서 내려와 나간다.

東面再拜, 降出.

정현주

'배례를 한다'(拜)는 것은 또한 식사를 마치도록 해 준 것에 대해서 배례하는 것이다. '拜', 亦拜卒食.

[公食大夫禮09 : 經 – 156]

다른 부분에 대해서는[9] 모두 공公이 대부에게 음식을 대접하는 예와 같이 한다.

其他皆如公食大夫之禮.

주

1_ 대부가 ~ 거행할 때 : 빙례가 끝나면 주국의 군주와 신하는 빈과 介에게 食禮와 饗禮를 베풀어 준다. 경문은 주국의 대부가 빈에게 사례를 베풀 때를 가리키는 것이다. [빙례08 : 經-322]에서, "주군은 빈에게 한 차례 사례를 베풀어 주고, 두 차례 향례를 베풀어 준다"(公於賓, 壹食, 再饗)고 하였고, [빙례08 : 經-327]에서, "대부는 빈에게 한 차례 향례를 베풀어 주고 한 차례 사례를 베풀어 준다. 상개에게는 사례나 향례 가운데 한 가지만 베풀어 준다"(大夫於賓, 壹饗, 壹食. 上介, 若食·若饗)고 하였다.

2_ 군이 ~ 것이다 : 이하에서 보이는 公이 대부에게 사례를 거행하는 경우와 다른 점을, 고유는 9가지로 정리했고, 호배휘는 그 위에 3가지를 더하였다. 모두 공과 대부의 尊卑의 차이로 인해 달라지는 점이다. 『의례정의』, 1234쪽 참조.

3_ 향 : [빙례08 : 經-322]의 "주군은 빈에게 한 차례 사례를 베풀어 주고, 두 차례 향례를 베풀어 준다"에 대한 정현 주에서, "'饗'은 소·양·돼지의 大牢를 익혀서 빈에게 술을 마시게 하는 것을 말한다"('饗'謂亨大牢以飮賓也)고 하였는데, 저인량에 따르면, 사례는 밥을 위주로 하므로 술과 음료수를 마시지 않으며, 향례는 공경함을 위주로 하므로 진설된 희생의 몸체를 먹지 않고, 술잔을 마시지 않고, 안석에 기대지 않고, 엄숙함과 공경함을 다하는 것이다. 『의례정의』, 666쪽 참조.

4_ 주는 사람 : 호배휘는 授者는 주인의 家臣일 것으로 보았다. 『의례정의』, 1245쪽 참조.

5_ 유폐로 ~ 경우이다 : 君은 侑幣로 束帛을 사용하는데, 대부는 束錦을 사용한다. 錦은 帛보다 문식이 더 많은데, 이것은 禮에서 문식을 적게 하는 것이 더 귀한 의미를 갖는 경우이다. 『의례정의』, 1245쪽 참조.

6_ 주인이 ~ 것이다 : 가공언에 따르면, 주인이 당에서 내려가지만, 계단에서 멈추고 뜰까지 내려가는 것이 아니므로 빈이 따라서 내려가지 않는 것이다. 『의례주소』, 579쪽 참조.

7_ 감히 ~ 것이다 : 上公이 대부에게 사례를 베풀 때, 대부는 계단 아래로 내려간다. 신하는 지위가 낮기 때문이다. 여기서는 두 대부가 서로 대등하므로 당 위에서 먹되, 주인이 당 위에 서 있으므로, 자리(席)에서 먹지 않고 서쪽 벽(西序)의 끝으로 피해서 먹는 것이다. 『의례주소』, 579쪽 가공언의 소, 『의례정의』, 1246쪽 오계공의 說 참조.

8_ 빈은 동쪽을 향해서 재배하고 : 公이 食禮를 베풀 경우에는 再拜稽首를 하는 것에 비해, 여기서는 대등한 대부 사이의 食禮이므로 稽首를 하지 않는 것이다. 『의례정의』, 1246쪽 참조.

9_ 다른 부분에 대해서는 : 豆數(豆의 개수), 俎體(俎에 담는 희생의 몸체 부위), 陳設(진설 방법) 등을 가리킨다. 『의례주소』, 580쪽 참조.

해제 經－157에서 經－158까지는 대부가 직접 사례를 거행하지 못할 경우에, 공이 사람을 시켜서 대신 음식을 바치게 하는 절차이다.

[公食大夫禮09 : 經－157]

만약에 대부가 몸소 사례食禮를 거행하지 못하는 경우에는, 공이 (다른) 대부를 시켜서 조복朝服을 입고 폐백을 가지고 가서 음식을 바치게 한다.

若不親食, 則公作大夫, 朝服以侑幣致之.

정현주

'작作'은 시킨다는 뜻이다. 대부에게 일이 있는 경우에는, 군주가 반드시 그와 작위가 같은 자를 시켜서 그를 위해서 예를 거행하게 한다. 열국列國의 빈들이 오면, 영욕의 일은 주군과 신하가 함께하기 때문이다. 作, 使也. 大夫有故, 君必使其同爵者爲之致禮. 列國之賓來, 榮辱之事君臣同.

[公食大夫禮09 : 經－158]

빈은 당 위에서 보내온 것을 받는데, 대부를 맞이하여 대접하는 빈례儐禮의 절차는 없다.

賓受于堂. 無擯.

정현주

군君에게 받는 예와 같다. 與受君禮同.

해제 記－01에서 記－04까지는 사례가 일반적인 예와 다른 점을 기록한 것이다.

[公食大夫禮09 : 記－01]

기記.

사례食禮를 거행하기 전에 빈에게 미리 가서 알리는 숙宿과 계戒의 절차를 행하지 않는다.

記.

不宿·戒.

정현주 사례는 가벼운 예이기 때문이다. 이곳에서 '숙宿과 계戒의 절차를 행하지 않는다'(不宿戒)고 한 것은, 정해진 날짜 3일 전에 알리는 '계戒'를 가리켜 말한 것이고, 거듭 알리는 것은 '숙宿'이 되는데, 정해진 날짜 1일 전을 가리켜 말한 것이다.[1] 食禮輕也. 此所以'不宿·戒'者, 謂前期三日之戒, 申戒爲宿, 謂前期一日.

[公食大夫禮09 : 記－02]

당일 아침에 빈에게 알리고 나면, 다시 초청하지 않는다.

戒, 不速[2].

정현주 빈에게 사례食禮를 베풀어 주는 날 아침에, 일찍 일어나서 빈에게 알리면, 빈이 알리러 온 자를 따라서 오므로, 다시 초청하는 절차를 행하지 않는다. 食賓之朝, 夙興戒之, 賓則從戒者而來, 不復召.

[公食大夫禮09 : 記－03]

빈에게 (공이 직접) 안석을 주지 않는다.

不授几.

정현주 예빈(醴)의 절차와 달리하는 것이다.[3] 異於醴也.

[公食大夫禮09 : 記－04]

조계의 위쪽에 자리(席)를 설치하지 않는다.

無阼席.

정현주 공이 앉지 않기 때문이다.[4] 公不坐.

주

1_ 이곳에서 ~ 것이다 : 정현은 사흘 전에 賓에게 食禮가 있음을 알리는 '戒'와 하루 전에 다시 알리고 참석하기를 청하는 '宿'의 절차로 구분하여 경문을 해석한 것이다. 정현은 「사관례」에도 '戒賓'([經-15]·[經-16])과 '宿賓'([經-18]·[經-19])의 절차가 있다고 했으며, 「향음주례」의 '宿戒'에 대하여 정현은 "재차 알리는 것(再戒)이 '숙계宿戒'가 된다. 예禮에서는 장차 일이 있을 경우 먼저 알리고 나서 또 다시 숙계를 한다"(再戒爲宿戒. 禮, 將有事, 先戒而又宿戒)([記-01])고 하였다. 가공언은, 「大射」에서 '기일 3일 전에 宰夫가 宰 및 司馬에게 戒를 한다'고 하였고, 「소뢰궤사례」에서 '기일 1일 전에 宿을 한다'고 한 것에 근거하여, '宿과 戒를 하지 않는다'는 것은 食禮가 거행되기 이전에는 賓에게 미리 고하여 알리지 않고, 거행되는 당일에 비로소 고하여 청하는 것이라고 하여 정현의 해석을 부연 설명하였다. 한편 오계공은, '不宿戒'에서의 宿'을 '豫'(미리)의 뜻으로 보고 '宿戒'를 '미리 알린다'고 해석하여 정현과의 차이를 보인다. 『의례주소』, 580쪽 및 『의례정의』, 1248쪽 참조.

2_ 速 : 원문의 '戒不速'에서 '速'은 '宿'이다. 古文에는 '宿'이 모두 '羞'로 되어 있으며, 일반적으로 '宿'은 어떤 곳에는 '速'으로 되어 있고, 記文에는 '肅'으로 되어 있는데, 『주례』에서는 또한 '宿'으로 되어 있다고 한다. [특생궤식례15 : 經-14], [少牢饋食禮16: 經-13]의 정현 주 참조.

3_ 예빈의 ~ 것이다 : 「빙례」의 醴賓의 절차와 다름을 말한다. 「빙례」에서 聘과 享의 절차를 마치고 나면 公은 醴酒 등으로 賓을 예우하는데, 이때 공은 직접 빈에게 안석을 건네준다. [빙례08 : 經-143]~[빙례08 : 經-152] 참조.

4_ 공이 ~ 때문이다 : 공사대부례에서는 公 앞에 음식이 없으며, 賓이 식사를 하는 동안 공은 箱으로 물러나 있다. 이 때문에 공이 조계 위쪽에 앉아 있을 일이 없으며, 따라서 조계 위쪽에 공을 위해 진설하는 자리도 없는 것이다.

해제 記－05는 음식을 삶는 형亨의 절차에 관해서 기록한 것이다.

[公食大夫禮09 : 記－05]

묘문廟門 밖 동쪽에서 음식을 삶는다.

亨于門外東方.

정현주 반드시 묘문 밖에서 하는 것은 대부의 일이기 때문이다.[1] 동쪽은 양陽을 주관한다. 必於門外者, 大夫之事也. 東方者, 主陽.

주

1_ 반드시 ~ 때문이다 : [연례06 : 記-03]에서 "희생은 寢門 밖의 동쪽에서 삶는다"(亨于門外東方)고 하였는데, 정현 주에서 "침문 밖에서 삶는 것은 신하가 관장하기 때문이다"(亨於門外, 臣所掌也)라고 하였다.

해제 記-06에서 記-07까지는 연筵과 석席에 관해 기록한 것이다.

[公食大夫禮09 : 記-06]

사궁司宮은 안석을 갖추어 놓고, 검은 베로 가선을 두른 1장丈 6척尺의 부들자리(蒲筵)와, 그 위에 덧까는 검은 비단으로 가선을 두른 8척의 가는 갈대자리(萑席)[1]를 함께 갖추어 놓는데, 모두 꼬리 부분에서부터 말아서 둔다.

司宮具几, 與蒲筵常, 緇布純, 加萑席尋, 玄帛純, 皆卷自末.

정현주 '사궁司宮'은 태재大宰의 속관으로서, 궁묘宮廟를 관장하는 사람이다. 1장 6척을 '상常'이라고 하고, 상常의 절반을 '심尋'이라고 한다. '준純'은 가선이다. '추萑'는 가느다란 갈대(細葦)이다. '꼬리 부분'(末)은 날실이 끝나는 곳이어서 그것으로 꼬리 부분임을 알 수 있다. 반드시 긴 자리(筵)여야 하는 것[2]은 좌우로 예찬을 두기 때문이다. 금문본에는 '萑'가 모두 '莞'으로 되어 있다. '司宮', 大宰之屬, 掌宮廟者也. 丈六尺曰'常', 半常曰'尋'. '純', 緣也. '萑', 細葦也. '末', 經所終, 有以識之. 必長筵者, 以有左右饌也. 今文'萑'皆爲'莞'.

[公食大夫禮09 : 記-07]

재부는 자리(筵)를 펴는데, 동방東房에서 가지고 나온다.

宰夫筵, 出自東房.

정현주

자리(筵)는 본래 방房에 있는 것인데, 재부가 그것을 펴는 것이다. 천자와 제후의 묘廟에는 좌방左房과 우방右房이 있다.[3] 筵本在房, 宰夫敷之也. 天子·諸侯左右房.

주

1_ 부들자리와 ~ 가는 갈대자리를 : 筵과 席은 모두 '자리'로 번역된다. 그러나 散文일 때는 서로 통용되지만, 對文일 때는 지면에 가까운 것은 筵, 그 위에 덧까는 것은 席으로 구별한다. 『의례정의』, 1249쪽 참조.

2_ 반드시 긴 자리여야 하는 것 : 호배휘에 따르면, 筵은 席보다 두 배 길다. 『의례정의』, 1250쪽 참조.

3_ 천자와 ~ 있다 : 廟寢의 房室 구조에 대해서는 역대로 논란이 있다. 정현은 대부와 사의 경우에는 西方, 즉 右房이 없다는 입장이고, 가공언 역시 大夫와 士는 단지 東房과 西室이 있을 뿐 右房이 없다는 입장이다. 그러나 진상도, 주희, 오계공, 만사대, 호배휘 등의 학자들은 鄕飮酒記, 鄕射記, 聘禮 등의 기록을 근거로 대부와 사에게도 東房과 西方이 모두 있다고 주장한다. 『의례정의』, 1095 · 1251쪽 참조.

해제

記－08은 승거乘車, 즉 타는 수레에 관해서 기록한 것이다.

[公食大夫禮09 : 記－08]

빈이 타고 온 수레는 대문 밖 서쪽에 있고, 빈은 (조회하는 위치에서) 북쪽을 향해 선다.[1]

賓之乘車在大門外西方, 北面立.

정현주

빈의 수레가 대문 안에 들어가지 않는 것은 공경함을 확대하는 것이다. 무릇 빈이 조朝에 나아갈 때는 길의 중앙으로 가는데,[2] 도착할 즈음 빈은 수레에서 내려 걸어가고, 그렇게 한 후에 수레는 서쪽에 돌아와서 선다. 빈이 조근하는 위치에 이르면 멈추어서 북쪽을 향한다. 경·대부의 위치는 수레 앞과 마주한 곳이다. 무릇 조회하는 위치에서 빈과 주인의 사이는 각각의 명수命數로써 멀고 가까움의 절도를 삼는다.[3] 賓車不入門, 廣敬也. 凡賓即朝, 中道而往, 將至, 下行, 而後車還立于西方. 賓及位而止, 北面. 卿·大夫之位當車前. 凡朝位, 賓主之間, 各以命數爲遠近之節也.

주

1_ 북쪽을 향해 선다 : 정현 주 속에서 '北面'은 빈이 조근하는 위치에 이르러서, 북쪽을 향해 서는 것으로 해석되어 있다. 그러나 경문의 '北面立'에 대해서, 오계공은 "수레가 북쪽을 향해서 서는 것(車北面立者)은 빈이 나올 것을 기다리는 것으로, 마땅히 그를 향하는 것이다. 또 '선다'(立)고 말한 것은 명에를 벗기지 않음을 밝히는 것이다"라고 하여, 수레가 북쪽을 향해서 서는 것으로 본다. 『의례정의』, 1252쪽 참조.

2_ 빈이 조에 ~ 가는데 : 『예기』「왕제」에서, "길을 갈 때 남자는 오른쪽으로 가고, 여자는 왼쪽으로 가고, 수레는 중앙으로 간다"(道路, 男子由右, 女子由左, 車從中央)고 하였다.

3_ 조회하는 위치에서 ~ 삼는다 : 『주례』「추관·대행인」에서 上公의 朝位는 빈과 주인의 사이가 90步, 侯伯의 경우는 70步, 子男의 경우는 50步라고 한 것이, 이 절도를 가리킨다. 『의례정의』, 1252쪽 참조.

해제 記－09는 형갱鉶羹에 넣는 나물에 관해서 기록한 것이다.

[公食大夫禮09 : 記－09]

국에는 나물을 넣는데,[1] 쇠고기 국에는 콩잎(藿)을 넣고, 양고기 국에는 씀바귀(苦)를 넣고, 돼지고기 국에는 고사리(薇)를 넣으며, 각각의 국에 모두 조미調味하는 채소를 넣는다.

鉶芼, 牛藿·羊苦·豕薇, 皆有滑.

정현주 '곽藿'은 콩잎이다. '고苦'는 씀바귀이다. '조미하는 채소'(滑)는 근환堇荁과 같은 것들이다. 금문본에는 '苦'가 '苄'로 되어 있다. 藿, 豆葉也. 苦, 苦荼也. '滑', 堇荁之屬. 今文'苦'爲'苄'.

주

1_ 국에는 나물을 넣는데 : 경문 원문의 '鉶芼'에 대해서, 호배휘는 鉶羹에 사용되는 채소라고 하였다.(鉶芼, 記鉶羹所用之菜也) 『의례정의』, 1253쪽 참조.

해제 記 – 10은 찬자가 당에 올라가는 절차를 기록한 것이다.

[公食大夫禮09 : 記 – 10]

찬자는 손을 씻고, 희생제기를 진설하는 사람을 따라서 당으로 올라간다.

贊者盥, 從俎升.

정현주 희생제기에 관해서 찬자가 할 일이 있기 때문이다.[1] 俎, 其所有事.

주

1_ 희생제기에 ~ 때문이다 : 오계공에 따르면, 찬자는 빈이 밥을 담은 둥근 밥그릇(簋), 희생고기를 담은 희생제기(俎), 여러 가지 맛난 음식(庶羞) 등의 음식으로 고수레를 할 때, 그를 돕는 일을 하는데, 俎가 簋나 庶羞보다 먼저 진설되기 때문에 俎를 따라서 당으로 올라가는 것이다. 『의례정의』, 1255쪽 참조.

해제 記－11은 보簠에 관해서 기록한 것이다.

[公食大夫禮09 : 記－11]

네모진 밥그릇(簠)에는 덮는 덮개보가 있다.

簠有蓋冪.

정현주 쌀밥(稻)을 담은 네모진 밥그릇과 수수밥(粱)을 담은 네모진 밥그릇은 식사를 하려고 할 때 비로소 진설하는데, 방에다 뚜껑(會)을 벗겨놓고 덮개보(冪)로 덮는다.[1] '멱冪'은 수건이다. 금문본에는 '幕'으로 되어 있기도 하다. 稻粱將食乃設, 去會於房, 蓋以冪. '冪', 巾也. 今文或作'幕'[2]也.

주

1_ 방에다 뚜껑을 ~ 덮는다 : 가공언은, 쌀밥(稻)과 수수밥(粱)을 담은 네모진 밥그릇(簠)을 진설하고 나면 덮개보도 벗기므로 경문의 내용은 방에서 나와서 아직 진설하기 직전까지의 상황을 말하는 것이라고 설명한다. 『의례주소』, 583쪽 참조.

2_ 幕 : 호배휘의 『의례정의』에는 '鼏'으로 되어 있다. 『의례정의』, 1255쪽 및 『의례주소』, 583쪽 교감기 참조.

해제 記－12는 자炙에 관해서 기록한 것이다.

[公食大夫禮09 : 記－12]

무릇 구운 고기(炙)에는 장醬을 사용하지 않는다.

凡炙無醬.

정현주

이미 소금간이 되어 있기 때문이다. 已有鹹和.

해제

記-13은 상대부의 연筵·석席이 하대부와 같은 점에 관해 기록한 것이다.

[公食大夫禮09 : 記-13]

상대부의 경우에는, 부들자리(蒲筵)를 깔고 그 위에 가는 갈대자리(萑席)를 덧까는데, 그 가선은 모두 하대부의 가선과 마찬가지로 한다.[1]

上大夫, 蒲筵, 加萑席, 其純皆如下大夫純.

정현주

삼명三命의 대부를 가리킨다.[2] 고孤[3]가 빈이 될 경우에는, 흰 비단으로 가선을 두른 왕골자리(莞席)를 깔고, 그 위에 그림을 그려 넣은 가선을 두른 오채색의 부들자리(繅席)를 덧깐다.[4] 謂三命大夫也. 孤爲賓, 則莞筵紛純, 加繅席畫純也.

주

1_ 상대부의 경우에는 ~ 한다 : [記-06]에서는 상대부의 경우인지 하대부의 경우인지 그 규정이 없었기 때문에 사람들이 상·하대부에 차이가 있을 것으로 의심할 수 있다. 이 때문에 이 記文에서 다시 부들자리(蒲筵)에는 검은 베로 만든 가선을 두르고, 가는 갈대자리(萑席)에는 검은 비단으로 만든 가선을 두르는 것은 상대부와 하대부가 모두 동일함을 밝힌 것이다.

2_ 삼명의 대부를 가리킨다 : 上大夫인 卿에는 三命과 再命이 있는데, 筵·席에서 下大夫는 三命의 대부와 같다는 뜻이다. 『의례정의』, 1256쪽 참조.

3_ 고 : 公의 孤는 四命이다.

4_ 흰 비단으로 가선을 ~ 덧깐다 : 『주례』「춘관·司几筵」의 내용이다.

해제

記－14에서 記－15까지는 빈자擯者와 찬자贊者에 관해 기록한 것이다.

[公食大夫禮09 : 記－14]

경빈卿擯[1]은 당 아래에서 사례食禮를 돕는다.

卿擯由下.

정현주

당堂에 올라가지 않는 것이다.[2] 不升堂也.

[公食大夫禮09 : 記－15]

상찬上贊은 하대부가 담당한다.

上贊, 下大夫也.

정현주

'상上'은 당상堂上을 가리킨다. 빈擯과 찬자贊者는 하는 일이 서로 비슷한데, 당의 위와 아래에서 보좌하기 때문에 그것으로 이름을 삼았다.[3] '上', 謂堂上. 擯, 贊者, 事相近, 以佐上下爲名.

주

1_ 경빈 : 主國의 上擯이다. 卿이 담당하므로 卿擯이라고 하였다. 『의례정의』, 1257쪽 참조.

2_ 당에 올라가지 않는 것이다 : 가공언에 따르면, 卿擯은 賓·主에게 升·降, 周·還의 의례 절차를 아뢰어 인도하는 일을 하기 때문에 당 위에 올라가지 않는다. 『의례주소』, 584쪽 참조.

3_ 빈과 찬자는 ~ 삼았다 : 오계공에 따르면, 擯은 당 아래에서 보좌하고 贊은 당 위에서 보좌하기 때문에, 擯은 '당 아래에서'(由下)라 하고, 贊은 '上贊'이라고 한 것을 가리킨다. 『의례정의』, 1257쪽 참조.

해제 記－16에서 記－17까지는 서수庶羞와 유폐侑幣에 관해 기록한 것이다.

[公食大夫禮09 : 記－16]

상대부는 여러 가지 맛난 음식(庶羞)을 먹을 때에, (재부가) 마시는 술과 마시는 음료를 진설하면, 이것을 마시면서 여러 가지 맛난 음식을 먹어도 괜찮다.

上大夫庶羞, 酒飮漿飮, 庶羞可也.

정현주

여러 가지 맛난 음식(庶羞)을 먹을 때에 재부가 또 술과 음료를 진설하면, 그것을 마시면서 여러 가지 맛난 음식을 먹어도 괜찮다. 이것으로 빈을 우대하는 것이다. 於食庶羞, 宰夫又設酒漿, 以之食庶羞, 可也. 以優賓.

[公食大夫禮09 : 記－17]

상대부는 공이 베풀어 준 음식과 유폐侑幣에 대해 배례할 때에, 모두 머리를 바닥에 대면서 재배를 한다.

拜食與侑幣, 皆再拜稽首.

정현주

상대부는 머리를 바닥에 대는 것(稽首)을 하지 않는 것인가 혐의하기 때문이다. 嫌上大夫不稽首.

覲禮
第十

역주 박례경

覲禮 第十

소 정현鄭玄의 『삼례목록三禮目錄』에서 말한다. "'근覲'[1]은 뵙는다는 뜻이다. 제후가 가을에 천자를 뵙는 예이다. 봄에 뵙는 것을 '조朝'라고 하고, 여름에 뵙는 것을 '종宗'이라고 하고, 가을에 뵙는 것을 '근覲'이라고 하고, 겨울에 뵙는 것을 '우遇'라고 한다.[2] 조朝와 종宗의 예는 성대하다. 근覲과 우遇의 예는 간략하기 때문에[3] 향헌享獻이 보이지 않는다.[4] 세 계절의 예는 없어지고 오직 이 근례만이 남았을 뿐이다. 근례는 오례五禮 가운데 빈례賓禮에 속한다. 대대본의 『의례』에는 제16으로 되어 있고, 소대본의 『의례』에는 제1로 되어 있으며, 유향劉向의 『별록』에는 제10으로 되어 있다."

疏 鄭『目錄』云, "覲, 見也. 諸侯秋見天子之禮. 春見曰朝, 夏見曰宗, 秋見曰覲, 冬見曰遇. 朝宗禮備, 覲遇禮省, 是以享獻不見焉. 三時禮亡, 唯此存爾. 覲禮於五禮屬賓. 『大戴』第十六, 『小戴』十七, 『別錄』第十.

주

1_ 근 : 王禮의 五禮 가운데 賓禮에 속하는 覲禮는 제후가 가을에 천자를 뵙는 정기적인 의례이며, 제후가 천자를 뵙는 사계절 朝, 宗, 覲, 遇의 의례 모두 근례로 專稱하기도 한다. 제후는 가을에 천자를 뵙고 자신의 공적을 진술하고 평가를 받는다. 근례의 의미에 대해서 정현은 『삼례목록』에서 "'覲'은 뵙는다(見)는 뜻이다"라고 하였는데, 『주례』「춘관·小宗伯」의 주에서는 "'覲'은 부지런하다(勤)는 뜻이다. 왕을 위한 일에 부지런하고자 하는 것이다"라고 하였다. 『의례』 17편 가운데 유일한 천자의 의례이며, 정현에 따르면 사계절의 근례 가운데 본 편의 覲만이 온전한 기록으로 남아 있는 것이어서, 고대 왕례의 시행 모습을 볼 수 있는 중요한 자료인 셈이다. 근례의 절차는, 왕의 使者가 璧을 예물로 가지고 가서 교외에 帷門을 설치하고 도착한 侯氏를 위로하는 郊勞, 왕이 후씨에게 관사를 하사하고 후씨가 사자에게 儐禮를 하는 賜舍, 왕의 대부가 근례의 날짜를 후씨에게 알리는 戒謹期, 후씨가 廟門 밖에서 임시 거처(舍)를 받은 후, 관사에서 釋幣를 행하고, 墨車를 타고 廟에 나아가 瑞玉을 바치고 근례를 거행하는 行覲禮, 근례가 끝나고 왕에게 馬皮 등의 예물을 세 차례 진헌하는 三享, 후씨가 肉袒을 하고 罪를 청하면 왕이 사양하고, 이에 노정에서의 노고를 위로하는 肉袒請事, 왕이 후씨에게 命書를 보내 車服을 하사하는 賜諸侯車服, 왕이 후씨에게 饗, 食, 宴을 행함으로써 근례가 완결되는 饗, 禮의 순서로 거행된다. 제후국간에 사자를 보내어 서로 聘問하는 의례를 기록한 「빙례」에는 본 「근례」와 부분적으로 유사한 의례 절차들이 상대적으로 자세히 기록되어 있어 비교, 참조가 된다. 본 편에는 이 외에도 특별한 일이 있을 때 제후가 부정기적으로 천자를 뵙는 會와, 천자의 명으로 사방 六服의 모든 제후들이 모여 천자를 뵙는 同의 의례가 부기되었다.

2_ 봄에 뵙는 ~ 한다 : 『주례』「추관·大行人」에서 "봄에는 제후들을 朝하여 천하의 일들(事)을 도모(圖)하고, 가을에는 覲을 하여 邦國의 공적들(功)을 평가(比)하고, 여름에는 宗을 하여 천하의 계획들(謨)을 펼치고(陳), 겨울에는 遇를 하여 제후의 의견들(慮)을 조정한다(協)"고 하였다.

3_ 조와 ~ 때문에 : 『예기』「곡례」에서는 "천자가 依(병풍과 같은 의장 도구)를 등지고 서면 제후는 北面을 하고 천자를 뵙는 것을 覲이라고 하고, 천자가 宁(문과 병풍 사이의 조회를 받는 자리)에 서면 諸公은 東面을 하고 제후는 西面을 하는 것을 朝라고 한다"고 했는데, 정현은 주에서 "제후가 봄에 뵙는 것을 朝라고 하는데, 朝에서 摯를 받고 廟에서 享을 받는다. 氣를 낳는 시기이므로 성대하게 하는 것(文)이다. 가을에 뵙는 것을 覲이라고 하는데, (摯와 享을) 한꺼번에 廟에서 받는다. 氣를 肅殺하는 시기이므로 질박하게 하는 것(質)이다"라고 하여, 春朝의 의례에 비해 秋覲의 의례를 간략하게 하는 의리에 관해 해석했다. 『의례정의』, 1263쪽 참조.

4_ 향헌이 보이지 않는다 : 그러나 아래의 경문에서 享(예물을 進獻하는 의식절차)에 관해 언급하고 있다. 따라서 호배휘는 이 문장에서 잘못하여 빠진 구절이 있지 않은가 의심한다. 『의례정의』, 1263쪽 참조.

「교로도郊勞圖」

(淸), 『흠정의례의소』

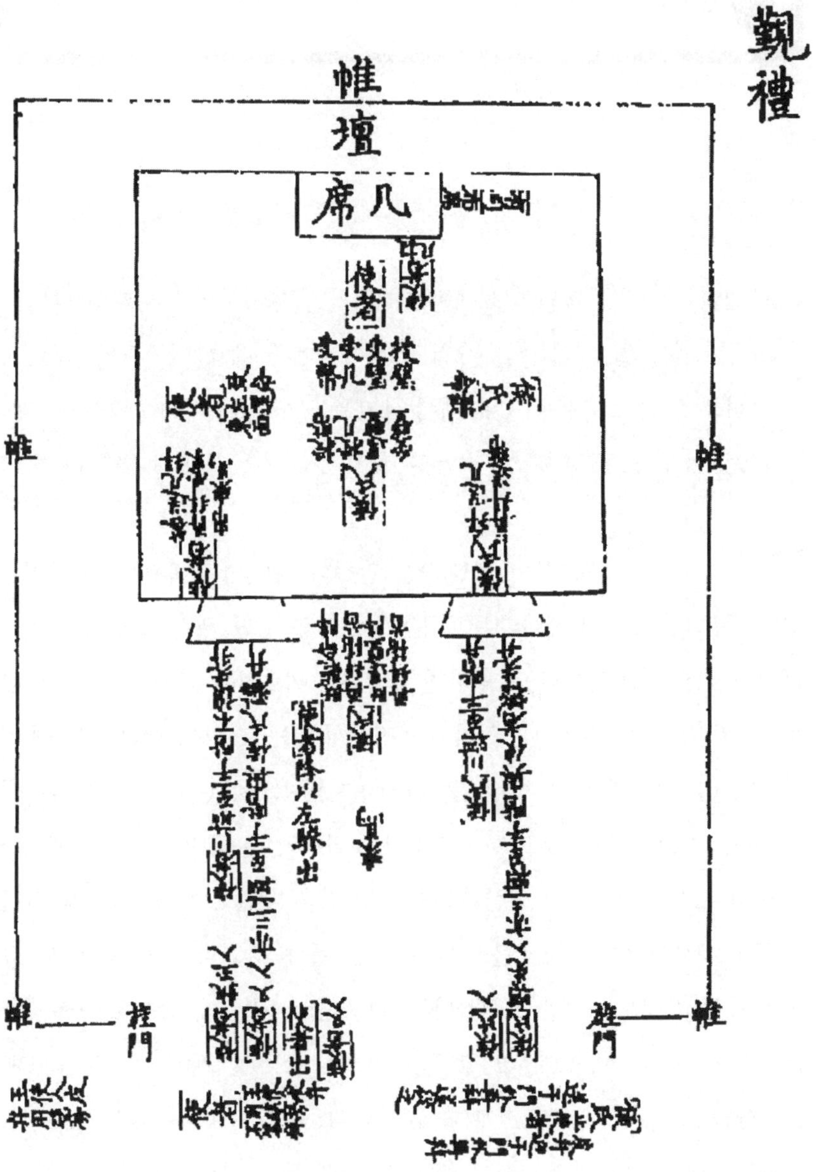

해제 經-01에서 經-06까지는 왕의 사신이 교郊에서 후씨를 맞이하여 위로하는 절차이다.

[觀禮10 : 經-01]

근례覲禮. 제후가 근교近郊에 이르면, 왕은 사자使者를 시켜서 피변복皮弁服[1]을 입고 벽璧[2]을 가지고 가서 위로하게 한다. 후씨侯氏도 피변복을 입고 유문帷門[3] 밖에서 사자를 맞이하여 재배를 한다.

覲禮. 至于郊, 王使人皮弁用璧勞. 侯氏亦皮弁迎于帷門之外, 再拜.

정현주

'교郊'는 근교近郊를 말한다. 왕성王城에서 50리 떨어져 있다. 『주례』「소행인」에서 "무릇 제후가 조근을 오면, 왕이 기畿[4]에서 맞이하여 위로한다"고 하였다. 그렇다면 교외에서 위로하는 자는 대행인大行人[5]이다. '피변皮弁'이라는 것은 천자의 조정에서 입는 조복朝服이다. 벽璧에 비단 열 단(束帛)[6]을 함께 바치지 않는 것은 천자의 옥玉이 존귀하기 때문이다.[7] '제후諸侯'라고 말하지 않고 '후씨侯氏'라고 말한 것은 국國이 다르고 관사館舍가 다르므로, 예禮에서 일반화하지 않는 것을 밝힌 것이다.[8] 교외의 관사가 좁고 적으므로, 유궁帷宮을 만들어서 위로를 받게 한다. 「장사직」에서 "유궁을 만들고 정문旌門[9]을 설치한다"고 하였다. '郊'謂近郊. 去王城五十里. 「小行人職」曰, "凡諸侯入, 王則逆勞于畿." 則郊勞者, 大行人也. '皮弁'者, 天子之朝朝服也. 璧無束帛者, 天子之玉尊也. 不言'諸侯', 言'侯氏'者, 明國殊舍異, 禮不凡之也. 郊舍狹寡, 爲帷宮以受勞. 「掌舍職」曰, "爲帷宮, 設旌門."

피변복皮弁服

섭숭의(宋), (『삼례도』)

벽璧

대진(淸), 『고공기도』

[覲禮10 : 經－02]

사자는 답배하지 않고, 이어서 옥玉을 잡고 세 번 읍揖을 한다. 계단에 이르면 사자는 사양하지 않고 먼저 단壇에 올라간다. 후씨는 단에 올라가서 명을 듣고, 내려와서 머리를 바닥에 대면서 재배를 한 뒤에, 이어서 단에 올라가서 옥을 받는다.

使者不答拜, 遂執玉, 三揖. 至于階, 使者不讓, 先升. 侯氏升聽命, 降, 再拜稽首, 遂升受玉.

정현주 '답배하지 않는다'(不答拜)는 것은 남의 사자가 되어서 그 예를 감당하지 못하기 때문이다. '사양하지 않고 먼저 올라간다'(不讓先升)는 것은 왕명王命을 받드는 것이 존엄하기 때문이다. '올라간다'(升)는 것은 단壇[10]에 올라가는 것을 말한다. 후씨侯氏는 동쪽 계단의 위쪽에서 서쪽을 향하고 명을 듣는다. '不答拜'者, 爲人使不當其禮也. '不讓先升', 奉王命尊也. '升'者, 升壇. 使者東面致命, 侯氏東階上西面聽之.

[覲禮10 : 經 – 03]

사자가 왼쪽으로 돌아서 서면, 후씨는 벽璧을 돌려주고, 사자는 벽을 받는다. 후씨는 단에서 내려와서 머리를 바닥에 대면서 재배한다. 사자가 이에 나간다.

使者左還而立, 侯氏還璧, 使者受. 侯氏降, 再拜稽首. 使者乃出.

정현주

'왼쪽으로 돈다'(左還)는 것은 돌아서 남쪽을 향하는 것이니, 장차 갈 것임을 보이는 것이다. '선다'(立)는 것은 후씨가 자기에게 할 일이 있으므로, 그것을 기다린다는 것을 나타낸다. 옥을 돌려주는 것은 예禮를 중시하는 것이다.[11] "左還", 還南面, 示將去也. '立'者, 見侯氏將有事於已, 俟之也. 還玉, 重禮.

[覲禮10 : 經 – 04]

후씨가 이에 사자가 떠나는 것을 멈추게 하면,[12] 사자는 이에 들어온다. 후씨는 그와 더불어 양보하면서 단에 올라간다. 후씨가 먼저 단에 올라가서 안석(几)[13]을 준다. 후씨가 안석을 보내준 후에 배례를 하면, 사자는 안석을 진설하고 답배를 한다.

侯氏乃止使者, 使者乃入. 侯氏與之讓升. 侯氏先升, 授几. 侯氏拜送几, 使者設几, 答拜.

정현주

'후씨가 먼저 단에 올라간다'(侯氏先升)는 것은 빈賓(사자)의 예가 주인主人(후씨)에게 통섭되는 것을 가리킨다.[14] 안석(几)은 빈을 편안하게 하는 것이니, 그것으로 높이고 후대하는 것이다. 상개上介[15]가 나가서 사자가 나가는 것을 멈추게 한 것[16]은, 이미 자리를 펴놓은 것을 의미한다.[17] '侯氏先升', 賓禮統焉. 几者, 安賓, 所以崇優厚也. 上介出止使者, 則已布席也.

궤几
섭숭의(宋), 『삼례도』

[覲禮10 : 經－05]

후씨는 비단 열 단과 4필의 말[18]로 사자에게 빈례儐禮를 행하여 대접한다.[19] 사자는 재배하고 받는다. 후씨는 폐백을 보낸 후에 재배를 한다.

侯氏用束帛·乘馬儐使者. 使者再拜受. 侯氏再拜送幣.

정현주

'사자에게 빈례를 행하여 대접한다'(儐使)는 것은 그것으로 높이고 공경하는 것을 극진히 하는 것이다. 배례를 하는 자는 각자 자기의 계단에서 한다.[20] '儐使'者, 所以致尊敬也. 拜者各於其階.

[覲禮10 : 經－06]

사자는 단에서 내려와서, 왼쪽의 곁말(驂)을 끌고 나간다. 후씨는 유문帷門 밖에서 전송하며 재배를 한다. 후씨가 드디어 그를 따라서 간다.

使者降, 以左驂出. 侯氏送于門外, 再拜. 侯氏遂從之.

정현주

곁말을 '참驂'이라고 한다. 왼쪽의 곁말은 서쪽에 진설된 것이다. 그 나머지 세 마리 말은 후씨의 사士가 끌고 나가 유문 밖에서 사자의 종자從者에게 준다. '그를 따라서 간다'(從之)는 것은 드디어 사자를 따라서 조정(朝)에 이르는 것을 가리킨다. 騑馬曰'驂'. 左驂, 設在西者. 其餘三馬, 侯氏之士遂以出授使者之從者于外. '從之'者, 遂隨使者以至朝.

주

1_ 피변복 : 천자의 視朝와 제후의 視朝 및 相朝聘, 士冠禮에서의 再加 의식 때에 착용하는 예복이다. 皮弁은 흰 사슴의 가죽으로 만든 冠이고, 上衣는 흰색 베로, 下裳은 흰색 비단으로 만든다. 흑색의 帶를 매고 흰색의 가죽 폐슬(韋韠)을 한다. 『삼례사전』, 317쪽.

2_ 벽 : '璧'은 원 모양의 玉器로서 직경이 9촌이다. 가운데에 직경 3촌의 둥근 구멍이 뚫려 있는데 이를 '好'라고 하며 '好'의 바깥 몸체를 '肉'이라고 한다. 제후가 천자에게 享禮를 행할 때에도 '벽'을 사용하며, 聘禮에서도 '벽'을 사용한다. 『이아』「釋器」에 "肉이 好보다 두 배가 되는 것을 '벽'이라 하고, 好가 肉보다 두 배가 되는 것을 瑗이라 하고, 肉이 好와 같으면 環이라 한다"(肉倍好謂之璧, 好倍肉謂之瑗, 肉好若一謂之環)고 하였다. 『주례』「고공기 · 옥인」에는 "好는 3寸을 제도로 삼는다"(好三寸以爲度)고 했으므로, 肉이 好의 두 배라면 肉은 6촌이 되는데, 6촌에 3촌을 더하여 벽의 전체 직경은 9촌이 되는 것이다. 『삼례사전』, 1200쪽 참조. 『考工記圖』의 벽 그림을 참조.

3_ 유문 : 帷宮이라고도 한다. 왕이 출행할 때, 帷幕을 쳐서 行宮을 만들고, 그 출구에 旌旗를 세워서 旌門을 만든 것이다.

4_ 기 : 왕도 관할의 사방 천 리 지역을 가리킨다. 『주례』「지관 · 大司徒」에서 "이에 왕국을 세운다. 그 畿는 사방 천 리로 강역을 제정하여, 흙을 쌓고 나무를 심는다"(乃建王國焉, 制其畿方千里而封樹之)라고 하였다.

5_ 대행인 : 천자와 제후 사이의 의례를 주관하는 관직이다. 『주례』「추관 · 大行人」에 "대행인은 大賓과 大客에 대한 예의를 관장한다"(大行人, 掌大賓之禮及大客之儀)고 하였다.

6_ 비단 열 단 : '束帛'은 10端의 비단을 가리킨다. 매 단의 길이는 2丈이다. 2단이 1兩이므로 10단은 5양인데 그것을 1束이라 한다. 옛날 베나 비단을 접을 때에는 양 끝을 서로 향하게 하여 말았는데, 이것이 2단 1양이 된다. 따라서 속백은 비단 열 단을 가리킨다.

속백束帛

첸쉬안, 『삼례사전』

7_ 벽에 ~ 때문이다 : 제후의 玉璧은 비천하므로 享禮에서는 束帛과 함께 바친다. 천자의 玉璧을 束帛 없이 그것만 올리는 것은, 그 일을 중대하게 여긴다는 뜻이다. 『의례주소』, 587쪽 및 『의례정의』, 1266쪽 참조.

8_ '후씨'라고 ~ 것이다 : 호배휘에 의하면, 諸侯는 五等 중의 하나이기도 하지만, 五等을 통칭하는 것이기도 하다. 그런데 여기서 통칭인 諸侯라고 하지 않고 侯氏라고 한 것은, 來覲하는 1人에게 나아가 말하는 것이므로 侯氏라 한 것이다. 『의례정의』, 1266쪽 및 『의례주소』, 587쪽, 가공언의 소 참조.

9_ 정문 : 行宮인 帷宮 앞에 旌旗를 세워서 문으로 삼은 것을 가리킨다.

10_ 단 : 왕사양은 『의례순해』에서 『좌전』의 분석을 근거로 하여, 帷宮에는 堂이 없고 壇이 있다고 하였다. 『의례정의』, 1267쪽 참조.

11_ 옥을 ~ 것이다 : 「빙례」에서는 束帛을 사용해서 위로를 하면 그것을 돌려주지 않는데 여기서 璧을 돌려주는 것은 근례에서 재물을 가벼이 여기고 예를 중히 여기는 뜻을 보이는 것이다. 『의례정의』, 1268쪽 참조.

12_ 후씨가 ~ 하면 : 오계공에 따르면, 有司가 자리를 깔고 준비하면, 후씨가 이에 나가서 사자가 떠나는 것을 멈추게 하고(止其去), 그를 맞이하여 儐禮를 해 주려는 것이다. 『의례정의』, 1268쪽 참조.

13_ 안석 : 앉을 때 그곳에 기대어 몸을 편안하게 하는 기구이다. 几의 그림 참조.

14_ 빈의 예가 ~ 가리킨다 : 이여규는, '統'은 주인에게 통섭되는 것을 의미하는 것으로,(統者, 統於主人) 여기서는 侯氏가 주인이 되는 것을 가리킨다고 본다. 즉, 후씨가 주인이 되어 먼저 단에 올라가서 사자를 빈객으로서 기다리고, 사자는 빈객으로서 주인인 후씨를 따른다는 뜻이다. 『의례정의』, 1268쪽 참조.

15_ 상개 : 賓이 예를 행하는 것을 돕는 자로서 빈을 보좌하는 사람이다. 성대한 예에서는 上介와 衆介가 있다. 빙례의 경우, 상개는 大夫가, 중개는 士가 담당한다.

16_ 상개가 ~ 멈추게 한 것 : 경문에서는 侯氏가 使者를 멈추게 한다고 했는데, 주에서는 上介가 멈추게 한다고 한 것에 대해 호배휘는, 후씨가 먼저 상개로 하여금 나가서 賓(使者)을 멈추게 하고, 이어서 스스로 나가서 빈이 들어오는 것을 맞이하는 것으로 해석한다. 『의례정의』, 1269쪽 참조.

17_ 상개가 ~ 의미한다 : 양복은 几를 진설하는 것은 이미 자리(席)가 펼쳐져 있는 것을 의미하므로, 상개가 나가서 사자를 멈추게 할 때에는 이미 자리가 펼쳐져 있는 것임을 알 수 있다고 하였다. 『의례정의』, 1269쪽 참조.

18_ 4필의 말 : '乘馬'는 4필의 말을 가리킨다. 「빙례」 "乘皮"에 대한 정현 주에서 "물건 4개를 '乘'이라고 한다"(物四曰乘)고 하였다.

19_ 빈례를 행하여 대접한다 : 빈과 주인의 行禮가 끝난 후에 주인이 束帛 등의 예물로 빈을 대접하는 예를 '儐'이라고 한다. 주인이 예주(醴)로 빈을 대접하면 이를 '禮'라고 하고, 예주를 사용하지 않으면 '儐'이라고 한다.

20_ 배례를 ~ 한다 : 빈(사자)과 주인(후씨)이 대등한 예(敵禮)를 행하는 것을 말한다. 「향음주례」나 「향사례」에서와 같이 주인은 조계의 위쪽에서, 빈은 서계의 위쪽에서 배례를 하는 것이다. 『의례정의』, 1269쪽 참조.

해제 經-07에서 經-10까지는 왕이 후씨에게 관사館舍를 하사하는 절차이다.

[覲禮10 : 經-07]

천자가 빈賓(후씨)에게 관사(舍)를 하사한다.

天子賜舍.

정현주

빈賓(후씨)이 새로 와서 노정路程이 피로하기 때문에, 아직 그의 예를 받지 않았지만 또한 나아가 편안하도록 해 주는 것이다. '관사를 하사한다'(賜舍)는 것은 (사자를) 관사에 이르게 한다(致館)는 것과 같다.[1] 사자使者가 된 사람은 사공司空[2]인 듯하다. 소행인小行人[3]이 승빈承擯[4]이 된다. 금문본에는 '賜'를 모두 '錫'으로 썼다. 以其新至, 道路勞苦, 未受其禮, 且使卽安也. '賜舍'猶致館也. 所使者司空與? 小行人爲承擯. 今文'賜'皆作'錫'.

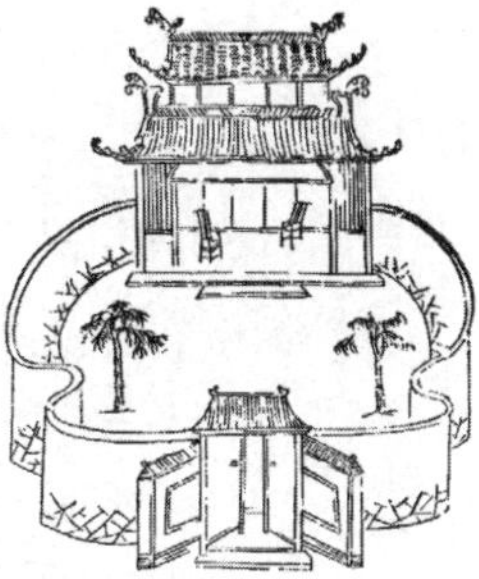

館

『삼재도해』

[覲禮10 : 經-08]

사자는 "백부,[5] 그대가 왕명에 순종하여 왕이 계신 곳에 뵈러 왔으니 백부에게 관사를 하사합니다"라고 말한다.

曰, "伯父, 女順命于王所, 賜伯父舍."

정현주

이것은 사자가 관사에 이르러 전하는 말이다. 此使者致館辭.

[覲禮10 : 經－09]

후씨는 머리를 바닥에 대면서 재배를 한다.

侯氏再拜稽首.

정현주

관사를 받는 것이다. 受館.

[覲禮10 : 經－10]

속백과 네 마리 말로 사자에게 대접한다.

儐之束帛·乘馬.

정현주

왕이 사람을 시켜서 왕명으로 관사에 가도록 할 때 예물은 없다. 그런데도 사자를 대접하는 것은 왕의 사자를 존중하기 때문이다. 후씨가 밖에서 관사를 받고 나면, 안에서 사자에게 빈례儐禮를 행하여 대접하는 것이다. 王使人以命致館, 無禮. 猶儐之者, 尊王使也. 侯氏受館於外, 旣則儐使者於內.

주

1_ '관사를 하사한다'는 ~ 같다 : 경문의 '관사를 하사한다'(賜舍)에 대해, 정현은 천자가 사자를 보내 관사에 이르게 하여 후씨를 편하게 해 주는 뜻으로 해석한다(致館). 이것은 「빙례」 경문의 '관사를 바친다'(致館)에 대해, 정현이 주국의 제후가 관사에 卿을 보내어 이르게 함으로써 빈을 편하게 해주는 뜻으로 해석하는 것(至館)과 일관된다. 그러나 정현 역시 천자가 관사를 마련해 주는 것을 부인했다고 보기는 어렵다. 실제로 그가 사자를 司空으로 추측한 것에 대해서, 호배휘는 사공은 궁실의 조영을 담당하므로, 사공이 가서 그의 속관인 司里가 관사를 주는 것으로 보고 있다. 또한 이어지는 [근례10 : 經一8]의 경문에서, 사자의 言辭가 '백부에게 관사를 하사합니다'(賜伯父舍)로 명시되어 있다. 따라서 양톈위는 관사를 주어 편안히 머물게 하는 것으로 해석한다.(天子命賜給侯氏館舍) 『의례역주』(2004), 288쪽 참조. '館'과 '舍'는 通稱이다. 빙례에서는 이웃나라의 신하이므로 '관사를 바친다'(致館)로 표현했고, 여기서는 자기의 신하이므로 '관사를 하사한다'(賜舍)고 한 것이다. 『의례정의』, 1270쪽 참조.

2_ 사공 : 호배휘는, 정현이 이곳에서 사자를 司空으로 추측한 것은, 「빙례」에서 卿이 致館을 하였는데, 사공이 卿에 해당하기 때문이며, 『國語』, 『주례』 등에서 대등한 나라의 빈이 오면 (사공의 속관인) 司里가 관사를 준다고 했으므로(敵國賓至, 司里授館) 사공임을 알 수 있는 것으로 보았다. 그는 『儀禮釋官』을 근거로 사공의 속관인 司里가 宮室의 造營을 담당했음을 지적하고, 客館도 궁실의 일이므로 사공이 가서 그의 속관인 司里가 주는 것이라 본다.(司空致之, 以其屬司里授之也) 『의례정의』, 1270쪽 참조.

3_ 소행인 : 小行人은 제후들의 사신을 대접하는 관직이다. 『주례』 「추관·小行人」에, "소행인은 빈객의 직위 명부를 관장하며, 이에 따라서 사방 제후의 사자들을 대한다"(小行人掌邦國賓客之禮籍, 以待四方之使者)고 하였다.

4_ 승빈 : 擯者는 예의 진행을 돕는 주인 쪽의 사람으로서 賓을 맞이하여 인도한다. 『주례』 「추관·司儀」의 정현 주에서는 "나가서 빈객을 영접할 때에는 '擯'이라 하고, 들어와서 예를 도울 때에는 '相'이라 한다"(出接賓曰擯, 入詔禮曰相)고 하였다. 「빙례」에서, "주군은 경을 상빈으로 삼고, 대부를 승빈으로 삼고, 사를 소빈으로 삼는다"(卿爲上擯, 大夫爲承擯, 士爲紹擯)고 하였는데, 承擯은 上儐을 돕는 자이다. 여기서는 致館할 때에도 擯과 介를 두어 예를 돕게 하는데, 小行人이 承擯이 된다는 뜻이다.

5_ 백부 : 가공언에 따르면, 백부는 同姓의 大國을 가리킨다. 동성의 대국에 대한 禮가 동성의 小國이나 異姓의 國에 대한 예와 다르기 때문이다. 『의례주소』, 590쪽 참조..

해제 經-11에서 經-12까지는 왕이 근례의 날짜를 빈객賓客에게 알리는 절차이다.

[覲禮10 : 經-11]

천자는 대부를 보내어 빈에게 다음과 같이 아뢰도록 한다. "모일某日에 백부께서는 고사故事에 따르십시오.[1]"

天子使大夫戒. 曰, "某日, 伯父帥乃初事."

정현주

'대부大夫'는 경卿으로서 아訝가 된 자이다. 『주례』「장아직」에서 "무릇 아訝인 자는 빈객이 이르면 가서 아뢰고 그 일을 돕는다"라고 하였다. '계戒'는 아뢴다는 것과 같은 뜻이다. 아뢰는 까닭은 그 일을 따르도록 하기 위해서이다. '초初'는 '고故'와 같다. 고문본에는 '帥'가 '率'로 되어 있다. '大夫'者, 卿爲訝者也. 「掌訝職」曰, "凡訝者, 賓客至而往, 詔相其事." '戒'猶告也. 其爲告, 使順循其事也. '初'猶'故'也. 古[2]文'帥'作'率'.

[覲禮10 : 經-12]

후씨는 머리를 바닥에 대면서 재배를 한다.

侯氏再拜稽首.

정현주

근례를 거행할 날짜를 받는 것이다. 受覲日也.

주

1_ 고사에 따르십시오 : 정현이 경문의 '初'를 '故'로 풀이한 것은 '始事'의 뜻이 아님을 보이는 것이다. 故事에 따르라는 것은, 四時의 朝覲은 일정하게 변함없는 尋常한 의례이므로, 변함없는 故事의 정해진 방식에 따라서 예를 행하라는 뜻이다. 『의례주소』, 590쪽 참조.

2_ 古 : 교감기에 따르면, 嚴本에는 '古'로 되어 있고, 毛本에는 '今'으로 되어 있다.

해제 經-13은 후씨가 묘문 밖에서 차次를 받는 절차이다.

[觀禮10 : 經-13]

제후들은 조근朝覲을 하기 전에 모두 조朝(治朝)[1]에서 임시 장막(次)[2]을 받는다. 동성同姓은 서쪽을 향하되 북쪽을 윗자리로 삼으며, 이성異姓은 동쪽을 향하되 북쪽을 윗자리로 삼는다.

諸侯前朝, 皆受舍于朝. 同姓西面北上, 異姓東面北上.

정현주

'제후諸侯'라고 말한 것은 조근(朝)하러 온 자가 많음을 밝히는 것이다. (미리 임시 장막을 받는 것은) 그들이 들어와서 근례를 거행할 때 나란히 정렬할 수가 없음을 고려한 것이다.[3] '조朝에서 사舍를 받는다'(受舍於朝)고 한 것은 문왕의 묘문廟門 밖에서 임시 장막(次)을 받는 것을 말한다.[4] 「빙례기」에서 "종인宗人은 빈 일행의 임시 장막을 제공하는데,[5] 임시 장막은 휘장으로 만든다. 빈 일행의 임시 장막은 조회하러 온 군주의 임시 장막보다 약간 뒤쪽으로 설치한다"고 하였는데, 곧 이 차次(임시 장막)이다. '사舍'라고 말한 것은, 사舍로 높여서 말한 것이다. 천자가 장차掌次[6]를 시켜서 준다. 제후의 상개上介가 조근에 앞서서 임시 장막을 받는다. 이것은 근례인데 '조朝'라고 말한 것은 근覲과 우遇의 예가 비록 간소하지만 그 참가하러 오는 마음은 조朝와 마찬가지이기 때문이다. 동성과 이성을 분별하는 것은, 임시 장막을 받을 때 선후先後가 있기 때문이다. 「춘추전」에서 "과인이 만약 설薛에 조회한다면 감히 임성任姓들과 반열을 다투지 않을 것이다"라고 하였는데, 주례周禮에서는 동성을 우선시한다는 뜻이다.[7] 言'諸侯'者, 明來朝者衆矣. 顧其入覲, 不得竝耳. '受舍於朝', 受次於文王廟門之外. 「聘禮記」曰, "宗人授次, 次以帷. 少退于君之次", 則是次也. 言'舍'者, 尊舍也, 天子使掌次爲之. 諸侯上介先朝受焉. 此覲也, 言朝者, 覲·遇之禮雖簡, 其來之心, 猶若朝也. 分別同姓異姓, 受之將有先後也. 「春秋傳」曰, "寡人若朝于薛, 不敢與諸任齒", 則周禮先同姓.

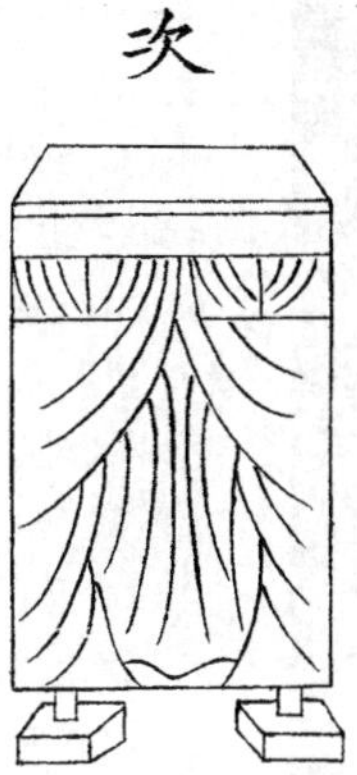

차次
섭숭의(宋), 『삼례도』

주

1_ 조 : 천자와 제후, 경대부의 治事 공간인 朝의 장소에 관해서는 역대로 설이 분분한데, 이는 천자의 왕궁과 제후의 궁문 구조에 대한 설이 분분한 것과 연동되어 있다. 역대로 천자의 왕궁은 五門이고, 제후의 궁은 三門이며, 문과 문 사이에 燕朝, 治朝, 外朝가 있다고 알려진다. 그러나 호배휘는 劉敞과 戴震의 설을 인용하여, 천자 또한 五門의 명칭만 있을 뿐 실제는 (안쪽부터) 畢門, 應門, 皐門의 三門으로서 제후의 路門, 雉門, 庫門과 구별되며, 천자의 正朝인 治朝는 應門의 안쪽에 있다고 본다. 또한 이 치조의 左右 공간에 宗廟와 社稷이 있다고 본다. 따라서 경문의 朝는 바로 治朝인 것이다. 『의례정의』, 1274쪽 참조.

2_ 임시 장막 : 경문의 '舍'는 실제로는 次를 가리킨다. 次는 휘장을 둘러쳐서 만든 것으로 朝覲을 하러 온 제후나 사자가 문 밖에서 옷을 갈아입거나 쉬면서 일을 기다리는 장소이다.

3_ 그들이 들어와서 ~ 것이다 : 『주례』에 의하면 6服의 제후들이 4계절로 나누어 오는데 이들이 동시에 들어와 근례를 하게 되면 반드시 인원이 많아져서 근례를 순서대로 행할 때 나란히 정렬하기가 어렵다. 따라서 행사 전에 次를 받아서 서로 禮를 넘는 일이 없도록 하는 것이다. 『의례정의』, 1273쪽 참조.

4_ '조에서 ~ 말한다 : 정현은 경문의 '朝'를 '문왕의 廟門 밖'(文王廟門之外)으로 해석한 것이다. 이에 대해 가공언은 소에서, 봄, 가을에는 朝에서 瑞玉을 받고(受贄) 廟에서 예물을 받지만(受享), 가을, 겨울에는 서옥과 예물을 모두 廟에서 받기 때문에, 지금 묘에서 근례를 거행할 것이므로 (묘의) 대문 밖에서 次를 받는 것이며, 周 천자의 祧廟(고조 이상의 신주를 모셔두는 묘)는 文王과 武王의 二祧인데, 여기서는 아버지인 문왕을 높여서 문왕의 묘만을 말한 것이라고 하였다. 『의례주소』, 591쪽 참조. 이 상황에 대해서 호배휘는, 묘가 바로 治朝의 밖에 위치하기 때문에 '朝에서 舍(次)를 받는 것'을 정현이 "문왕의 묘문 밖에서 차를 받는다"고 말한 것이라 설명한다. 『의례정의』, 1274쪽 참조.

5_ 종인은 ~ 제공하는데 : 次는 주국의 조정 대문 밖에 설치한 임시 장막으로, 이곳에서 옷을 갈아입거나 잠시 휴식을 취하면서 일을 기다린다. 오계공은 宗人은 빈의 次를 掌次에게 제공할 뿐, 그것을 설치하는 것은 掌次라고 한다. 『의례정의』, 1149쪽 참조.

6_ 장차 : 次의 설치를 관장하는 관리이다. 『주례』「천관 · 掌次」에서, 幕人은 차를 공급하고 掌次는 그것을 펼쳐서 설치한다(幕人供之, 掌次張之)고 하였다.

7_ 「춘추전」에서 ~ 뜻이다 : 정현이 「좌전」 隱公 11년의 기사를 들어서 同姓을 우선하는 禮의 증좌를 보인 것이다. 隱公 11년에 同姓인 滕侯와, 任姓으로서 異姓인 薛侯가 함께 來朝하여 누가 먼저 옥을 바칠 것인지 순서를 다투자, 隱公이 나서서 중재하여 한 말이다. 來朝한 곳의 同姓을 異姓보다 우선하는 것이 禮라는 뜻이다. 결국 薛侯의 허락을 받아 滕侯가 먼저 옥을 바치도록 하였다. 『춘추좌전정의』 隱公 11년 조 참조.

「제후근천자도諸侯覲天子圖」

(淸), 『흠정의례의소』

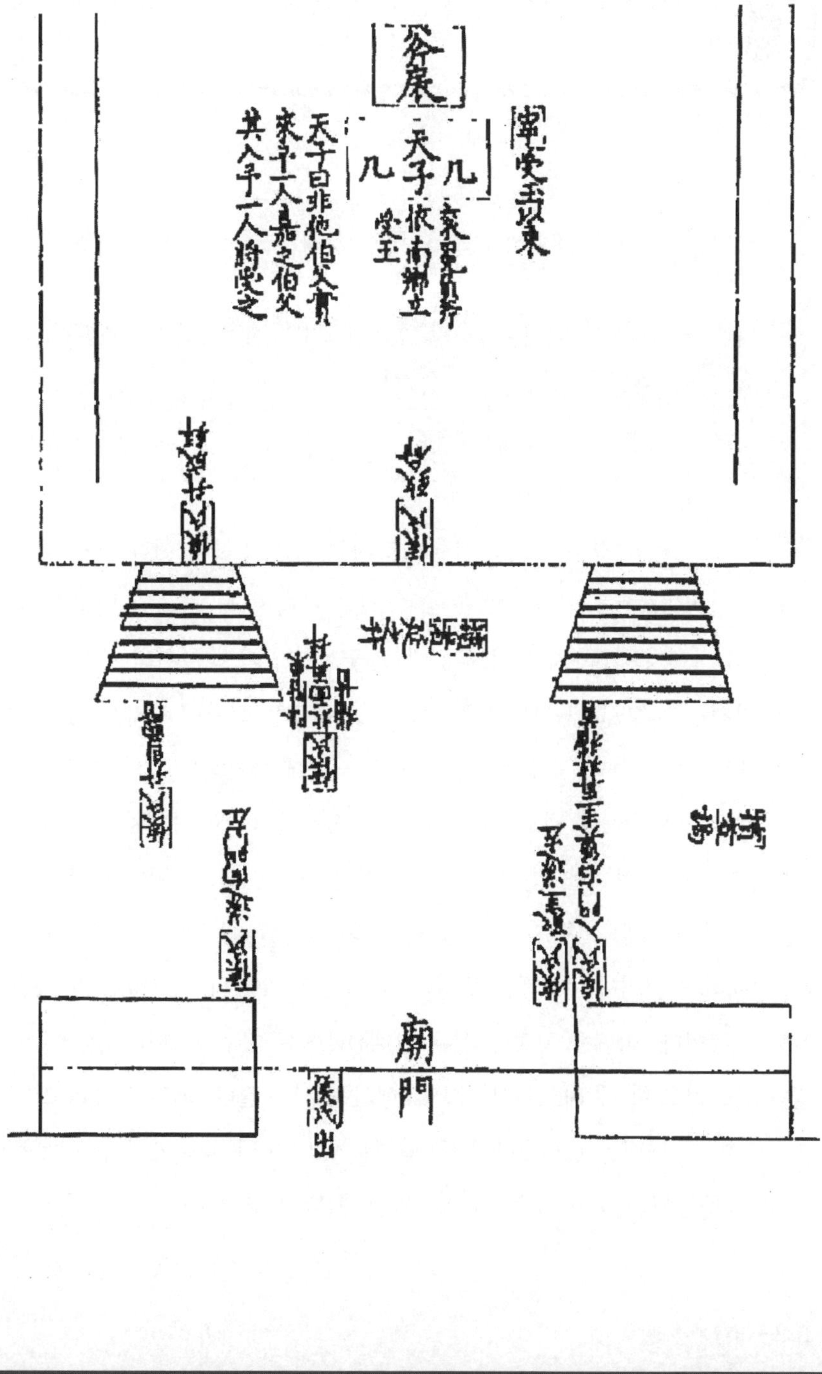

해제 經-14에서 經-22까지는 후씨가 서옥瑞玉을 잡고 근례를 거행하는 절차이다.

[覲禮10 : 經 - 14]

후씨는 비의裨衣에 면관冕冠을 갖추고(裨冕)[1] 천주遷主(또는 행주行主)[2] 앞에 석폐釋幣를 행한다.[3]

侯氏裨冕, 釋幣于禰.

정현주

장차 조근朝覲[4]하려고 하는 것이니 새벽 시간이다. '비면裨冕'이란 비의裨衣를 입고 면冕을 쓰는 것을 가리킨다. '비裨'란 더하다(埤)는 말이다. 천자의 6가지 복식 가운데 '대구大裘'가 가장 상위의 복식이고,[5] 그 나머지는 '비裨'가 되는데 사체事體가 존귀하고 비천함에 따라서 입는 것이며 제후들도 입는다. 상공上公은 '곤袞'을 입는데 승천하는 용의 무늬가 없고, 후백侯伯은 '별鷩'을 입고, 자남子男은 '취毳'를 입고, 고孤는 '치絺'를 입고, 경대부卿大夫는 '현玄'을 입는다. 이 차등적인 제도는 사복司服이 관장한다. '녜禰'는 행주行主와 천주遷主를 말하는데 '녜묘禰廟'(아버지의 사당)라고 한 것은, 친애하는 것이다.[6] '석폐를 행한다'(釋幣)는 것은 장차 조근하러 갈 것을 아뢰는 것이다. 석폐를 행하는 것은 빙례聘禮에서 대부가 장차 사자使者의 명을 받들려고 할 때 녜묘에서 석폐를 행하는 것과 같다. 폐백을 올리고 나면 축祝이 그 폐백을 보관했다가 돌아가서 조묘祧廟의 서쪽 계단 동쪽에 묻는다. 금문본에는 '冕'이 모두 '絻'으로 되어 있다. 將覲, 質明時也. '裨冕'者, 衣

裨衣而冠冕也. 裨之爲言埤也. 天子六服, '大裘'爲上, 其餘爲'裨', 以事尊卑服之, 而諸侯亦服焉. 上公'袞'無升龍, 侯伯'驚', 子男'毳', 孤'絺', 卿大夫'玄'. 此差, 司服所掌也. '禰', 謂行主遷主矣而云禰, 親之也. '釋幣'者, 告將覲也. 其釋幣, 如聘大夫將受命釋幣于禰之禮. 旣則祝藏其幣, 歸乃埋之於祧西階之東. 今文'冕'皆作'絻'.

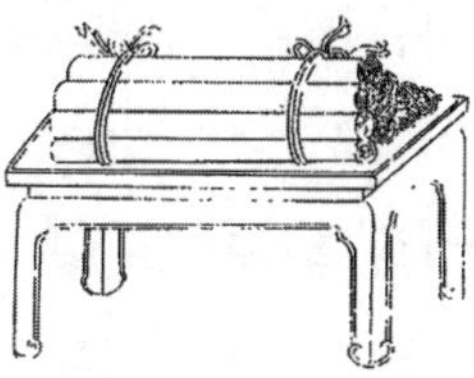

석폐釋幣

(淸), 『흠정의례의소』

별면驚冕

섭숭의(宋), 『삼례도』

취면毳冕

섭숭의(宋), 『삼례도』

치면絺冕

섭숭의(宋), 『삼례도』

현면玄冕

섭숭의(宋), 『삼례도』

[覲禮10 : 經－15]

묵거墨車(검은 칠을 한 수레)[7]를 타는데, 교룡交龍이 그려진 깃발(龍旂)과 궁의弓衣를 씌운 호弧를 싣고, 옥 받침대(繅)[8]에 서옥瑞玉을 받쳐 들고 조근을 하러 간다.

乘墨車, 載龍旂·弧韣, 乃朝以瑞玉, 有繅.

정현주 '묵거墨車'(검은 칠을 한 수레)는 대부의 제도이다. 그것을 탄다는 것은 천자의 나라에 들어갈 때 수레와 복식이 모두 같을 수 없기 때문이다.[9] 교룡을 그려서 깃발을 만든 것은 제후가 세우는 것이다. '호弧'는 깃발의 정폭을 펼치는 활모양의 기구이다. '궁의弓衣'는 독韣이라고 한다. '서옥瑞玉'은 공公이 환규桓圭를 잡고, 후侯가 신규信圭를 잡고, 백伯이 궁규躬圭를 잡고, 자子가 곡벽穀璧을 잡고, 남男이 포벽蒲璧을 잡는 것을 말한다.[10] '소繅'는 옥을 받치는 것이다. 부드러운 가죽으로 나무를 싸는데, 너비와 길이는 각각 옥의 크기와 같게 하고 붉은색, 흰색, 푸른색으로 여섯 가지 색을 만든다.[11] 금문본에는 '玉'이 '圭'로 되어 있고, '繅'는 '璪'라고도 되어 있다. '墨車', 大夫制也. 乘之者, 入天子之國, 車服不可盡同也. 交龍爲旂, 諸侯之所建. '弧', 所以張縿之弓也. '弓衣'曰'韣'. '瑞玉', 謂公桓圭, 侯信圭, 伯躬圭, 子穀璧, 男蒲璧. 繅, 所以藉玉. 以韋衣木, 廣袤各如其玉之大小, 以朱白蒼爲六色. 今文'玉'爲'圭'[12], '繅'或爲'璪'.

묵거墨車

섭숭의(宋), 『삼례도』

용기龍旂

(淸), 『흠정의례의소』

환규桓圭

섭숭의(宋), 『삼례도』

궁규躬圭

섭숭의(宋), 『삼례도』

신규信圭

섭숭의(宋), 『삼례도』

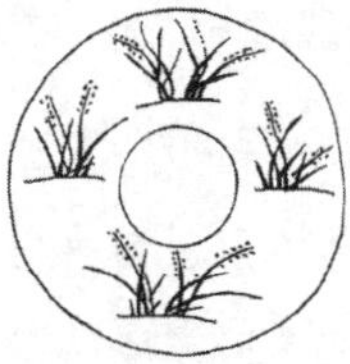

곡벽穀璧

황이주(淸), 『예서통고』

포벽蒲璧

황이주(淸), 『예서통고』

공후백환신궁삼규소
公侯伯桓信躬三圭繅

황이주(淸), 『예서통고』

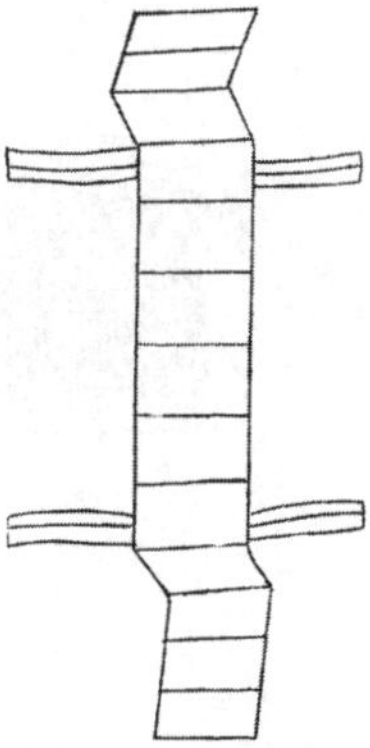

제후소자諸侯繅藉

섭숭의(宋), 『삼례도』

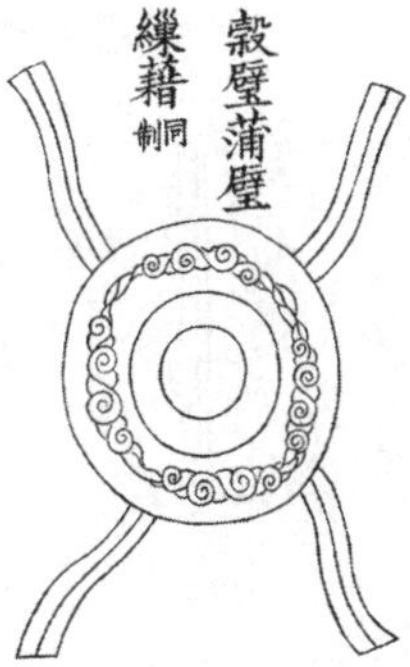

곡벽穀璧 **포벽**蒲璧
소자繅藉

섭숭의(宋), 『삼례도』

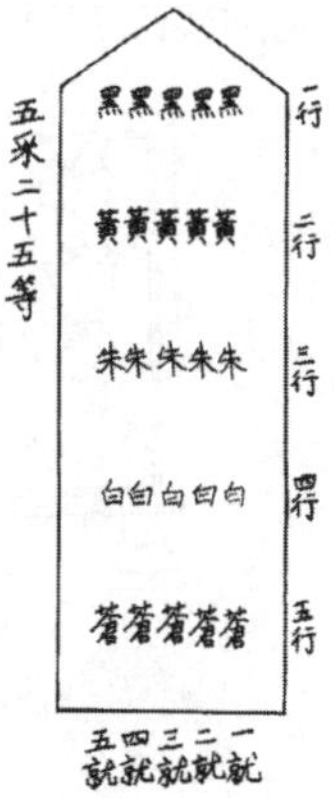

천자진규소天子鎭圭繅

황이주(淸), 『예서통고』

[覲禮10 : 經－16]

천자는 실문(室戶)과 창(牖) 사이에 도끼 문양을 수놓은 가리개(斧依)[13]를 설치하고, 좌우로 안석을 진설한다.

天子設斧依於戶牖之間, 左右几.

정현주 '의依'는 지금의 비단 병풍과 같은 것이다. 도끼 문양을 수놓은 것은 위엄을 보이기 위한 것이다. 도끼 문양을 '보黼'라고 한다. '안석几'은 옥 안석(玉几)을 가리킨다. '좌우로 진설한다'(左右)는 것은 지극히 존귀한 자를 우대하는 것이다. 그 자리는 흰 비단으로 가선을 두른 왕골자리(莞席)를 펴고, 그 위에 그림 있는 가선을 두른 오채색의 부들자리(繅席)를 덧깔고, 그 위에 도끼 문양의 가선을 두른 붉은 대나무자리(次席)[14]를 덧깐다. '依', 如今綈素屛風也. 有繡斧文, 所以示威也. 斧謂之'黼.' '几', 玉几也. '左右'者, 優至尊也. 其席莞席紛純, 加繅席畫純, 加次席黼純.

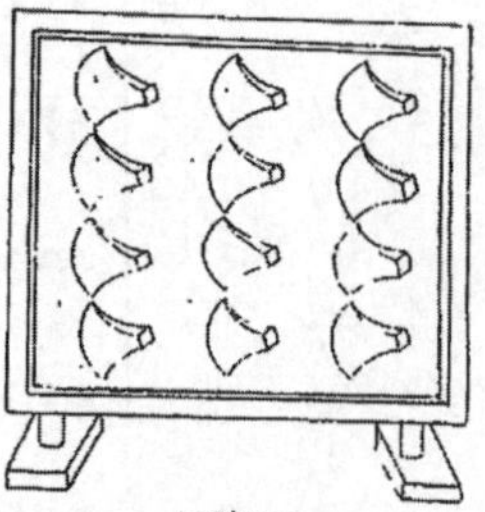

보의黼扆

(淸), 『흠정의례의소』

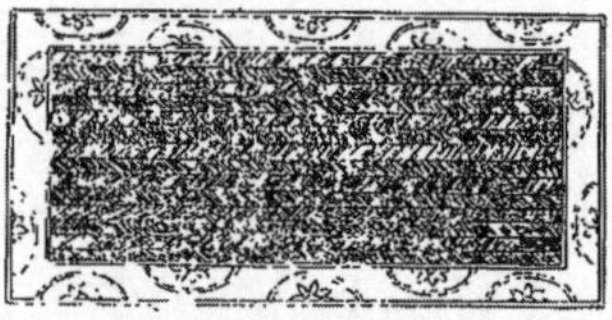

석席

(淸), 『흠정의례의소』

[覲禮10 : 經－17]

천자는 곤의袞衣에 면관冕冠을 갖추어 입고, 도끼 문양을 수놓은 가리개를 등지고 선다.

天子袞冕, 負斧依.

정현주

곤의袞衣라는 것은 비의裨衣 중에서 가장 상위의 복식이다. 그림을 그리고 수를 놓는 것이 구장九章이 된다.[15] 천자의 곤의에는 승천하는 용의 무늬와 하강하는 용의 무늬가 있다. 이 옷을 입고 면冕을 쓰고, 남쪽을 향해 서서 제후가 조견하기를 기다린다. 袞衣者, 裨之上也. 繢之, 繡之爲九章. 其龍, 天子有升龍, 有降龍. 衣此衣而冠冕, 南鄉而立, 以俟諸侯見.

곤면袞冕

섭숭의(宋), 『삼례도』

[覲禮10 : 經 - 18]

색부嗇夫는 조근하기를 청하는 (후씨의) 명命을 받들어서, 천자에게 아뢴다.

嗇夫承命, 告于天子.

정현주

색부嗇夫는 대개 사공司空의 속관이다. 말빈末擯이 되어 후씨의 명을 받든다. 하개下介가 전해서 올리면 상빈上擯이 천자에게 아뢴다.[16] 천자가 공公을 볼 때에는 빈자擯者가 5인이고, 후백侯伯을 볼 때는 빈자가 4인이고, 자子·남男을 볼 때는 빈자가 3인이다. 모두 종백宗伯이 상빈이 된다. 『춘추전』에서는 "색부嗇夫가 말을 달려서 간다"[17]고 하였다. '嗇夫', 蓋司空之屬也. 爲末擯, 承命於侯氏. 下介傳而上, 上擯以告于天子. 天子見公, 擯者五人, 見侯伯, 擯者四人, 見子男, 擯者三人. 皆宗伯爲上擯. 『春秋傳』曰, "嗇夫馳."

[覲禮10 : 經－19]

천자가 말하기를, “다른 사람도 아니고 백부伯父께서 이렇게 오셨으니, 나(予一人)[18]는 이를 아름답게 여깁니다. 백부께서는 들어오십시오. 나는 그대의 규圭를 받겠습니다”라고 한다.

天子曰, “非他, 伯父實來, 予一人嘉之. 伯父其入. 予一人將受之.”

정현주

'다른 사람도 아니고'(非他)라고 말한 것은 친애하는 말이다. '아름답게 여깁니다'(嘉之)라는 것은 찬미하는 말이다. 상빈上擯이 또 이것을 전하여 아래로 색부嗇夫에까지 이르면, 후씨의 하개下介가 그 말을 받아서 전해 올라가는데, 상개上介가 자기의 군주에게 아뢰고, 군주가 이에 들어오는 것을 허락한다. 금문본에는 '實'이 '寔'으로 되어 있고, '嘉'는 '賀'로 되어 있다. 言'非他'者, 親之辭. '嘉之'者, 美之辭也. 上擯又傳此而下至嗇夫, 侯氏之下介受之, 傳而上, 上介以告其君, 君乃許入. 今文'實'作'寔', '嘉'作'賀'.

[覲禮10 : 經－20]

후씨는 군문君門으로 들어가 오른쪽으로 나아가서,[19] 앉아서 규圭를 내려놓고, 머리를 바닥에 대면서 재배를 한다.

侯氏入門右, 坐奠圭, 再拜稽首.

정현주

'문으로 들어가 오른쪽으로 나아간다'(入門右)는 것은 신하된 도리를 지켜서 감히 빈객의 위치를 경유하지 않는다는 뜻이다.[20] 지위가 낮은 자가 존귀한 자를 뵐 때는, 폐백을 내려놓고 직접 주지 않는다. '入門右', 執臣道不敢由賓客位也. 卑者見尊, 奠摯而不授.

[覲禮10 : 經－21]

상빈上擯은 후씨에게 아뢴다.

擯者謁.

정현주

'알謁'은 아뢴다는 뜻과 같다. 상빈이 천자가 앞서 한 말을 아뢰는데, 빈객의 예에서처럼 몸소 규圭를 받고자 함을 아뢰는 것이다. 그 말에서 바꿀 수 있는 부분은 "백부께서 올라오십시오"라고 하는 것이다. '謁'猶告也. 上擯告以天子前辭, 欲親受之, 如賓客也. 其辭可易者, 曰, "伯父其升."

[覲禮10 : 經－22]

후씨는 앉아서 규圭를 잡고, 당에 올라가서 명을 아뢴다.[21] 왕이 옥玉을 받는다. 후씨가 당에서 내려와서, 서쪽 계단의 동쪽에서 북쪽을 향해 머리를 바닥에 대면서 재배를 한다. 빈자擯者(예의 진행을 돕는 주인 쪽의 사람)는 후씨의 뒤를 따르며 "당에 오르십시오"라고 알려 준다. 이에 후씨가 당에 올라가서 배례를 완성하고, 이에 나간다.

侯氏坐取圭, 升致命. 王受之玉. 侯氏降, 階東北面再拜稽首. 擯者延之曰, "升." 升成拜, 乃出.

정현주

빈자擯者가 청하는 것이다. 후씨가 앉아서 규圭를 잡는 것은 왼쪽을 경유한다.[22] 옥을 보낸 후에 당에서 내려와 머리를 바닥에 대면서 재배를 한다. 뒤따르며 예를 알려 주는 것을 '연延'이라고 한다. '연延'은 나아가는 것이다. 擯者請之. 侯氏坐取圭, 則遂左. 降拜稽首送玉也. 從後詔禮曰'延'. '延', 進也.

주

1_ 비의에 면관을 갖추고 : 裨冕은 천자의 6가지 冕服 가운데 최고 등급인 大裘冕을 제외한 나머지 袞冕, 鷩冕, 毳冕, 希冕(絺冕), 玄冕을 일컫는다. 비면은 제후 이하들도 착용하였다. 冕服에 대한 자세한 설명은 아래 주 5)를 참조.

2_ 천주(또는 행주) : 천자나 제후 등이 出師할 때, 고조 이상의 遞遷된 廟의 神主를 齊車에 옮겨서 싣고 가는 것을 遷主라고 한다. 천자나 제후는 遞遷된 廟의 木主를 사용하고, 木主가 없는 大夫는 幣帛으로 行主를 삼는다. 『의례주소』, 가공언의 소 참조.

3_ 석폐를 행한다 : 호배휘의 「聘禮」 疏에 따르면, '釋幣'는 출행할 때에 올리는 간단한 의식으로, 幣(비단)만 올릴 뿐이고 희생과 술이 없으며, 사유를 고하기만 하고 제사는 지내지 않는다. 『의례정의』, 956쪽 참조.

4_ 조근 : 朝覲은 4계절의 通稱이다. 따라서 覲禮도 조근이라고 칭할 수 있다. 『의례정의』, 1280쪽 참조.

5_ 천자의 ~ 복식이고 : '冕服'은 冕(면류관)을 쓸 때 착용하는 의복의 총칭으로, 예복 가운데 가장 존귀한 복장이다. 弁을 쓸 때 착용하는 의복인 弁服, 冠을 쓸 때 착용하는 의복인 冠服과 구별된다. 천자, 제후(공), 경대부 모두 면복을 입었으나 차등을 두었다. 천자는 6冕服을 착용한다. 『주례』 「춘관·사복」에 의하면 6면복은 大裘冕, 袞冕, 鷩冕, 毳冕, 希冕[絺冕], 玄冕을 가리킨다. '大裘冕'은 昊天上帝 및 五帝에 제사할 때 입고, '袞冕'은 先王에게 제사할 때 입으며, '鷩冕'은 先公에게 제사할 때와 饗禮 및 射禮를 행할 때 입는다. '毳冕'은 四望과 山川에 제사할 때 입고, '絺冕'은 社稷과 五祀에 제사할 때 입으며, '玄冕'은 여러 小祀를 거행할 때 입는다. 6면복에서 대구면 이하의 5면복을 '裨冕'이라 칭하는데 公 이하가 착용할 수 있다. 공은 곤면 이하를 착용할 수 있는데 왕의 복장과 같게 한다. 侯伯은 별면 이하를 착용할 수 있는데 공의 복장과 같게 한다. 子男은 취면 이하를 입을 수 있는데 후백의 복장과 같게 한다. 孤(孤卿)의 복장은 희면(치면) 이하를 착용할 수 있는데 자남의 복장과 같게 한다. 경대부는 현면 이하를 착용할 수 있는데 고의 복장과 같게 한다. 「춘관·사복」의 정현 주에 따르면, 공의 곤면에서 경대부의 현면까지는 모두 천자에게 朝聘할 때나 助祭할 때 입는 복장이다. 모두 면관을 쓰기 때문에 면복이라 칭하지만 冕, 즉 면류관에 드리우는 旒의 數에 차등이 있다. 천자의 6면은 모두 12류이고, 공 이하로 점차 줄어든다. 「하관·변복」의 정현 주에 따르면, 공의 면은 모두 9류이고, 후백의 면은 7류, 자남의 면은 모두 5류이며, 孤는 4류, 경대부는 3류이다. 이상 『삼례사전』, 191·705쪽 참조. 또한 천자의 면복은 玄衣, 纁裳에 12종의 문양, 즉 12章을 넣는데 일반적으로 상의인 현의에는 문양을 그려서 넣고 하의인 훈상에는 문양을 수놓아서 넣는다. 12종의 문양은 『상서』 「益稷」의 기록에 의하면, 日·月·星辰·山·龍·華蟲·宗彝·藻·火·粉米·黼·黻이다. 12종의 문양 가운데 앞의 3종을 제외한 나머지 9종의 문양을 9章, 다시 앞의 2종씩을 제외하여 차례로 7章, 5章 등으로 칭한다. 면복의 문양은 면관의 旒數와 서로 맞춰서 갖추게 되는데, 9류의 면복에는 衣裳에 7장을 사용하고, 7류의 면복에는 5장을 사용하는 식이다. 이에 따라 천자의 의상에

는 12장을 사용하고, 공의 의상에는 9장을, 후, 백의 의상에는 7장, 5장을 사용하는 형태가 된다. 이상 陳茂同, 『中國歷代衣冠服飾制』(2005, 百花文藝出版社) 참조. 한편, 경문에 따르면 천자가 근례에서 입는 복식은 비면 가운데 곤면이고, 정현 주에 따르면 천자의 곤면 역시 9章의 문양을 쓴다는 것을 알 수 있다.

6_ '네'는 ~ 것이다 : 高祖 이상의 조상의 신주는 廟에서 毁遷하여 遷廟의 신주가 된다. 천자, 제후 등이 出師할 때에는 이 遷主를 齊車에 싣고 함께 출행하여 조상의 命을 듣는다. 그런데 遞遷한 遷廟가 없을 경우에는 祖禰廟(조부와 부친의 사당)에 폐백을 바치고 출행을 아뢴 다음, 그 폐백을 齊車에 싣고 함께 출행하는데 그것을 行主라고 한다. 따라서 이미 代數가 오래되어 遞遷된 遷主이거나 行主인데도 경문에서 "禰廟"(아버지의 사당)라고 한 것에 대해, 정현은 그것을 親愛하여 칭한 것으로 해석한 것이다. 『의례정의』, 1278쪽 참조.

7_ 묵거 : '墨車'는 수레의 몸체에 검은색의 칠을 하고 문식을 하지 않은 대부의 수레이다. 사혼례에서 신랑의 수레로 쓰이기도 한다.

8_ 옥 받침대 : 繅는 옥을 받치는 받침대이다. 크기는 받치는 옥의 크기에 맞춘다. 나무로 만들고 부드러운 가죽으로 겉을 씌우며 채색으로 장식한다. 끈이 연결되어 있어 옥을 맬 때에 사용하거나 장식으로 삼는다. '繅藉'라고도 하는데 채색으로 장식되어 '繅'라고 하고, 옥을 올려놓기 때문에 '藉'라고도 한다. 『삼례사전』, 1175쪽 참조.

9_ 천자의 나라에 ~ 때문이다 : 제후들이 묵거를 타는 것은 [근례10 : 記-02]의 기문에서, "偏駕(제후가 타는 수레)는 王城의 문에 들어가지 못한다"(偏駕不入王門)고 한 것을 가리킨다. 제후들의 복식인 裨冕은 천자의 6가지 면복 가운데 5가지 면복과 같고, 제후들의 수레인 四路는 천자의 五路 가운데 4가지 수레와 같은 것이다. 그런데 앞서 [근례10 : 經-14]의 경문에서, "후씨가 裨衣에 冕冠을 갖추고"라고 했으므로 이미 착용한 비면이 천자의 복식과 같은데 수레까지도 모두 왕과 같아서는 안 된다는 뜻이다.

10_ '서옥'은 ~ 말한다 : 『주례』「典瑞」의 문장이다. 圭, 璧 모두 자신의 신분을 나타내는 瑞玉이다. 『예기』「聘義」의 정현 주에서 "'圭'는 瑞이다(圭, 瑞也)"라고 하였는데, 공영달은 "기물로 말하면 '圭'라고 하고, 그것을 잡고 예를 행할 때에는 '瑞'라고 하니, '瑞'는 신표(信)이다. 다른 사람과 함께할 때 존귀하고 비천한 신분의 신표로 삼는 것을 말한다"(以器言之謂之圭, 執以行禮謂之瑞, 瑞, 信也. 謂與人爲尊卑之信驗也)라고 하였다. 『주례』「춘관·대종백」에 "옥으로 6가지 신표를 만들어 그것으로 邦國을 차등 짓는다. 王은 鎭圭를 잡고, 公은 桓圭를 잡고, 侯는 信圭를 잡고, 伯은 躬圭를 잡고, 子는 穀璧을 잡고, 男은 蒲璧을 잡는다"(以玉作六瑞, 以等邦國. 王執鎭圭, 公執桓圭, 侯執信圭, 伯執躬圭, 子執穀璧, 男執蒲璧)라고 하였다.

11_ '소'는 옥을 ~ 만든다 : [빙례08 : 記-09]의 "(상공의 경·대부가 천자를 조회할 때 사용하는) 옥 받침대는 3가지 채색의 비단실로 6개의 동그란 문양을 장식하는데,

붉은색 · 흰색 · 파랑색, 붉은색 · 흰색 · 파랑색의 순으로 배열한다"(繅三采六等, 朱白倉, 朱白倉)에 대한 정현 주에서는 "여러 가지 채색을 '繅'라고 한다. 부드러운 가죽으로 나무판에 입히고, 3가지 채색의 비단실로 문식을 하는데 두 줄로 하는 것이니, 옥을 올려놓는 데에 거듭 신중히 하는 까닭이다"(雜采曰'繅'. 以韋衣木板, 飾以三色, 再就, 所以薦玉重愼也)라고 하였다. 따라서 '붉은색, 흰색, 푸른색으로 여섯 가지 색을 만든다'(以朱白蒼爲六色)는 것은 붉은색, 흰색, 푸른색의 끈을 순서대로 둥글게 말고 다시 한 차례 붉은색, 흰색, 푸른색으로 거듭 말아서 받침대를 만드는 것을 가리킨다.

12_ 圭 : 교감기에 따르면, 嚴本, 『通解』에는 '圭'로 되어 있고, 毛本에는 '璧'으로 되어 있다.

13_ 도끼 문양을 수놓은 가리개 : 진홍빛 비단에 도끼 문양(斧)이 있는 가리개로, 높이가 8척이다. '斧依', '黼依'라고도 하며, '依'는 '扆'로 쓰기도 한다. 室戶와 牖 사이에 진설한다. 천자가 제후를 접견할 때 그것에 의지하여 등지고 서서 남쪽을 향하여 제후를 대한다. 천자 이하 사에 이르기까지 모두 '依'를 사용할 수 있는데, 다만 도끼 문양의 수를 놓은 것은 천자만 사용한다. 『삼례사전』, 1247~1248쪽 '黼依' 참조.

14_ 대나무자리 : 次席은 桃枝竹이라는 껍질이 붉은 대나무로 列을 지어 무늬를 넣어 만든 자리이다. 『주례』「춘관 · 司幾筵」의 "次席黼純"에 대한 정현 주(次席, 桃枝席, 有次列成文者)와 가공언 소(鄭亦見漢世以桃枝竹爲席, 次第行列, 有成其文章) 참조.

15_ 그림을 ~ 된다 : 九章은 천자의 衮衣에 수놓는 9종의 도안 龍, 山, 華蟲, 火, 宗彝, 藻, 粉米, 黼, 黻이다. 앞의 5章을 上衣에 그리고, 뒤의 4章을 下裳에 수놓는다. 『의례정의』, 1283~1284쪽 참조.

16_ 말빈이 되어 ~ 아뢴다 : 擯과 介가 차례대로 군주의 辭令을 전하는 것을 '交擯'이라고 한다. 제후가 천자를 조근하거나, 제후끼리 서로 조회할 때는 모두 '交擯'의 절차가 있다. 여기서는 侯氏가 먼저 자신의 上介에게 조근하기를 청하는 말을 알리면, 上介가 次介에게 전하고, 次介가 下介에게 전한다. 천자의 末擯이 후씨 下介의 말을 받들어서 承擯에게 전하면, 承擯이 上擯에게 전하고 이에 上擯이 들어가 천자에게 아뢰는 것을 말한다. 『의례정의』, 1286쪽 참조.

17_ 색부가 ~ 간다 : 『좌전』 昭公 17년에 日食이 일어나자 叔孫昭子가 「虞書」에 실린 求日食에 관한 내용을 인용하여 언급한 것이다. 정현이 인용한 부분은, 嗇夫가 말을 달려서 폐백을 가지고 천신에게 예를 올려 일식을 구하고자 한 것을 가리킨다.(嗇夫, 主幣之官, 馳取幣, 禮天神) 『춘추좌전정의』, 昭公 17년 조, 공안국의 설 참조. 정현은 이것을 인용하여, 嗇夫가 卑官이므로 末擯이 될 수 있음을 보이고자 하였다. 『의례주소』, 597쪽, 가공언의 소 참조.

18_ 나 : '나 한 사람'이라는 뜻의 '予一人'은 천자가 스스로를 겸양하여 칭하는 말이다. 내가 사람들 가운데 한 사람으로서 다른 사람과 다르지 않다는 뜻의 겸사이다.

『예기』「曲禮下」, '予一人'에 대한 공영달의 소(但自謂予一人者, 言我是人中之一人, 與物不殊, 故自謙損) 참조.

19_ 후씨가 ~ 나아가서 : 문의 中央에는 闑(문 말뚝)이 있고, 문은 堂을 행하는 것이 정방향이 되기 때문에, 闑의 동쪽은 오른쪽이 되고, 얼의 서쪽은 왼쪽이 된다. 『의례정의』, 1288쪽 참조. 양톈위는 '入門右'에 대해 "문의 오른쪽으로 들어간다"고 해석하였는데, "문으로 들어가 오른쪽으로 나아간다"고 하는 것이 보다 정확한 동선이다. 『의례역주』(2004), 291쪽 참조.

20_ '문으로 ~ 뜻이다 : 『예기』「곡례」에서 "주인은 문 안으로 들어가서 오른쪽으로 나아가고, 빈객은 문 안으로 들어가서 왼쪽으로 나아간다. 주인은 동쪽 계단으로 나아가고, 빈객은 서쪽 계단으로 나아간다"(主人入門而右, 客入門而左. 主人就東階, 客就西階)고 하였다. 禮에서 주인은 동쪽 공간을, 빈객은 서쪽 공간을 사용한다. 따라서 경문에서 후씨가 군주의 문에서 오른쪽, 즉 동쪽으로 나아갔다는 것은, 그가 자신을 감히 빈객의 위치에 놓지 않고, 신하로서 군주에게 통섭되어 군주를 따랐다는 의미가 되는 것이다.

21_ 명을 아뢴다 : 방포에 따르면, 왕명을 받들어 朝覲을 와서 자신이 맡은 직분에 대해 보고하는 것이다. 그러나 호배휘에 따르면, 일설에는 '命'을 '辭'로 보아서 致辭하는 것으로 해석한다. 즉, "臣 아무개 侯는 圭를 받들어 왕을 朝覲하나이다"라고 하는 것과 같은 것이다. 『의례정의』, 1289쪽 참조.

22_ 후씨가 ~ 경유한다 : 호배휘에 따르면, 문의 왼쪽을 경유하여 서쪽 계단으로 올라가서 명을 아뢰는 것이다. 『의례정의』, 1290쪽 참조.

「향급청사도享及聽事圖」

(淸), 『흠정의례의소』

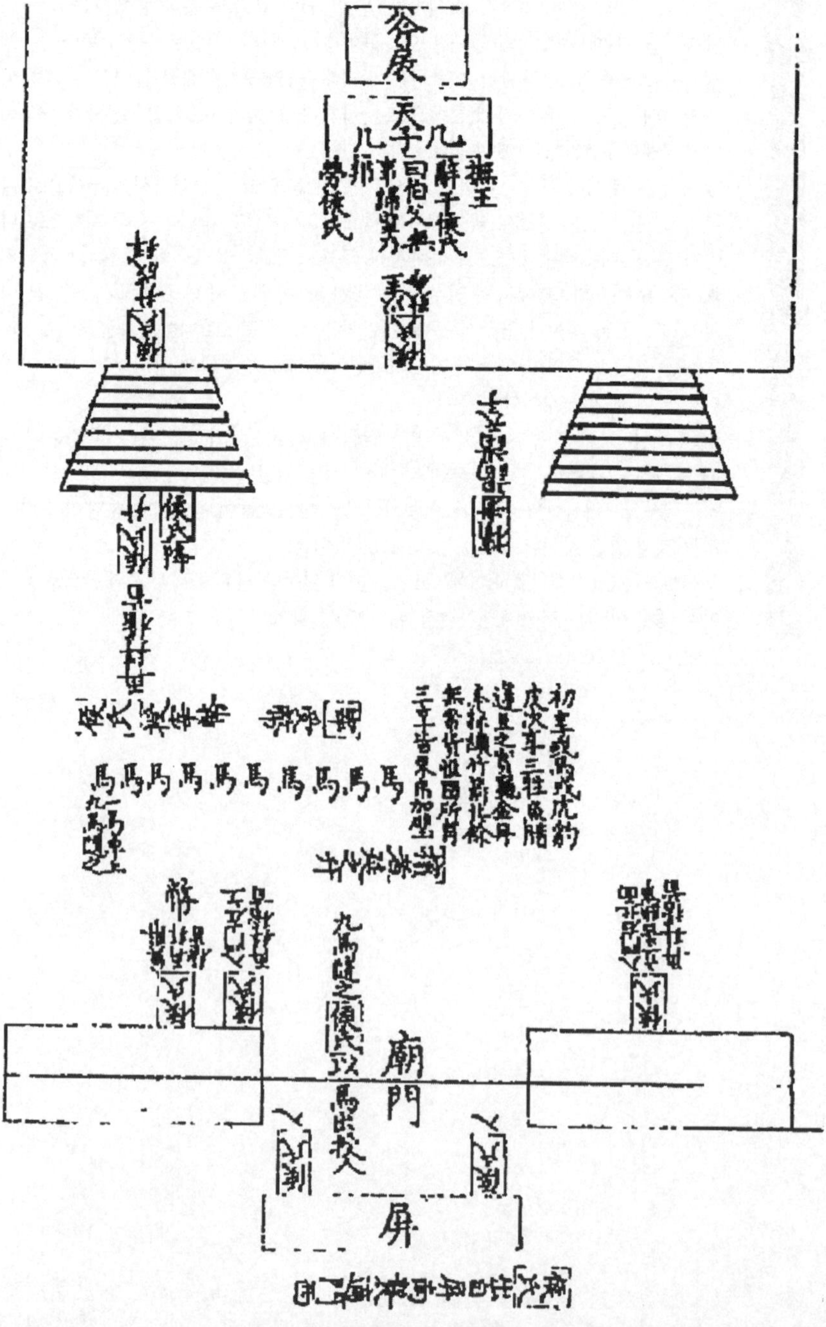

해제 經-23에서 經-27까지는 근례가 끝나고 왕에게 예물을 진헌進獻하는 향享의 절차이다.

[觀禮10 : 經-23]

후씨는 세 차례 예물을 진헌하는데(享), 매번 비단 열 단에 벽璧을 올려놓은 것을 사용하고, 정실庭實[1]은 본국에 있는 물품만을 사용한다.

四享, 皆束帛加璧, 庭實唯國所有.

정현주

'사四'는 마땅히 '삼三'이 되어야 한다. 고서古書에서 삼三과 사四 자를 쓸 때 때로는 모두 획을 쌓아 올려서 썼다. 이 편에는 또한 사四가 많이 나오는데, 글자가 서로 비슷하므로 이로 인해 잘못 쓴 것이다. 『주례』「대행인」에서 "제후가 묘廟 안에서 폐백을 받들고 모두 세 차례 예물을 진헌한다(享)"고 하였다. 그 예禮에 차등이 있긴 하지만 '사四'에서 취하는 경우란 없다. 첫 번째 진헌할 때는 말을 사용하기도 하고 호랑이나 표범의 가죽을 사용하기도 한다. 그 다음 진헌할 때는 세 가지 희생과 건어와 말린 고기, 대나무제기(籩)와 나무제기(豆)에 올리는 음식, 거북, 쇠, 단사丹砂·옻·명주실·솜·조릿대·왕대를 사용한다. 그 밖에는 정해진 공물이 없다.[2] 이러한 토산물은 일국一國에서 모두 갖추어 둘 수 있는 것이 아니므로, 단지 있는 것을 나누어서 세 차례 진헌을 하는데, 매번 비단 열 단에 벽璧을 올린 것을 가지고서 그것들을 바친다. 四當爲三. 古書作三四或皆積畫. 此篇又多四

字, 字相似, 由此誤也. 「大行人職」曰, "諸侯廟中將幣, 皆三享." 其禮差又無取於四也. 初享或用馬, 或用虎豹之皮. 其次享, 三牲魚腊, 籩豆之實, 龜也, 金也, 丹漆絲纊竹箭也. 其餘無常貨. 此地物非一國所能有, 唯所有分爲三享, 皆以璧帛致之.

[覲禮10 : 經－24]

후씨는 속백을 받들고, 백마 1마리를 선두로 하고, 9마리의 말을 따르게 하여, 뜰 중앙에 서쪽을 윗자리로 삼아 진열한다. 폐백을 내려놓고, 머리를 바닥에 대면서 재배를 한다.

奉束帛, 匹馬卓上, 九馬隨之, 中庭西上. 奠幣, 再拜稽首.

정현주 '탁卓'은 탁왕손卓王孫[3]의 '탁卓'처럼 읽는다. '탁卓'은 적的(이마가 흰 말)[4]과 같은 의미이다. 이마가 흰 말 한 마리를 선두로 삼는데,[5] 그 나라의 이름을 쓰고, 뒤에는 어디에서 생산된 것인지를 기록해야 한다. 말을 반드시 10마리 올리는 것은, 왕이 탈 경우를 감히 배제하지 못하기 때문이다.[6] 정수整數를 사용하는 것은 공경하는 것이다.[7] '卓', 讀如卓王孫之'卓'. '卓'猶的也. 以素的一馬以爲上, 書其國名, 後當識其何産也. 馬必十匹者, 不敢斥王之乘. 用成數, 敬也.

[覲禮10 : 經－25]

빈자擯者가 아뢰기를, "내(予一人)가 장차 예물을 받고자 한다"고 한다.

擯者曰, "予一人將受之."

정현주 또한 왕이 친히 예물을 받고자 한다는 것을 말하는 것이다. 亦言王欲親受之.

[覲禮10 : 經－26]

후씨는 당에 올라가서 치사致辭를 올린다. 왕은 옥을 어루만진다. 후씨가 서쪽 계단으로 당에서 내려가, 동쪽을 향하여 재宰에게 폐백을 건네주고, 서쪽 계단의 앞에서 머리를 바닥에 대면서 재배를 하고, 말을 끌고 나와서, 왕의 휘하 사람에게 주는데, 9마리의 말도 따라서 준다.

侯氏升致命. 王撫玉. 侯氏降自西階, 東面授宰幣, 西階前再拜稽首, 以馬出, 授人, 九馬隨之.

정현주 왕이 옥을 받지 않고 어루만지기만 하는 것은, 재물을 가볍게 여기는 것이다.[8] '말을 끌고 나간다'(以馬出)는 것은 후씨를 따라서 나온 말을 밖에 있는 왕의 휘하 사람에게 준다는 뜻이다. 왕이 사람을 시켜서 말을 받지 않는 것은, 예물을 진헌하는 예에 이르러 왕의 존귀함이 군주다움을 더하고, 후씨의 비천함이 신하다움을 더하게 하는 것이다. 王不受玉, 撫之而已, 輕財也. '以馬出', 隨侯氏出授王人於外也. 王不使人受馬者, 至于享, 王之尊益君, 侯氏之卑益臣.

[覲禮10 : 經－27]

예물을 진헌하는 예가 끝난다.

事畢.

정현주

세 차례 예물을 진헌하는 예가 끝난 것이다. 三享訖.

주

1_ 정실 : 예물이 뜰에 진설된 것을 '庭實'이라고 한다. 馬, 皮, 牲, 米 등이다. 『삼례사전』, 632쪽 참조.

2_ 첫 번째 진헌할 ~ 없다 : 이 정현 주의 내용은 『예기』「禮器」에 나오는 大饗의 진상품을 인용한 것이다. 정현은 이것을 王의 祫祭 大饗을 위해 제후들이 진상하는 享物로 보았는데, 이제 여기에서 인용함으로써 경문에 제후들이 진상하는 三享의 구체적인 내용에 관한 正文이 없는 것을 보충하고 있다. 『예기』「禮器」에서는, "세 가지 희생(소, 양, 돼지)과 건어와 말린 고기는 사해와 구주의 진미이다. 대나무제기(籩)와 나무제기(豆)에 올리는 음식은 사시의 조화로운 기운이 생성한 것이다. 쇠를 들여보내는 것은 화목함을 보이는 것이다. 비단 열 단에 벽(璧)을 부가하는 것은 덕을 존귀하게 여기는 것이다. 거북을 앞쪽에 진열하는 것은 길흉을 알고 있는 것을 앞세우는 것이다. 쇠가 다음에 놓이는 것은 實情을 (비추어) 드러내기 때문이다. 丹砂·옻·명주실·솜·조릿대·왕대 등은 대중과 함께 쓰는 재화이다. 그 밖에는 정해진 공물이 없고, 각자 자기 나라에서 나는 것을 가지고 온다"(三牲·魚·腊, 四海九州之美味也. 籩豆之薦, 四時之和氣也. 內金, 示和也. 束帛加璧, 尊德也. 龜爲前列, 先知也. 金次之, 見情也. 丹·漆·絲·纊·竹·箭, 與衆共財也. 其餘無常貨, 各以其國之所有)고 하였다.

3_ 탁왕손 : 卓王孫은 司馬相如(BC 179~117)의 아내인 文君의 아버지이다. 정현은 일반적인 '卓'의 음이 아니라 卓姓의 '卓' 음을 취하기 위하여 이 예를 든 것이다.

4_ 적 : '的'은 말의 흰 이마, 또는 이마가 흰 말을 가리킨다. 『주역』「說卦」의 "震其於馬也爲善鳴, 爲馵足, 爲作足, 爲的顙"에 대한 공영달의 소에서, "흰 이마(白額)가 적상(的顙)이 된다"(白額爲的顙)고 하였다.

5_ '탁'은 '적'과 ~ 삼는데 : 단옥재는 정현이 풀이한 "素的一馬"는 白馬를 가리키는 것으로서 백마가 出衆하므로, 卓(탁월하다)이라고 여긴 것이라 보았다. 호승공은 정현의 뜻은 卓을 '흰 이마'(素的)로 보고자 하였으므로, "卓王孫之卓"으로 그 音을 비유하고, 的으로 그 뜻을 비유한 것으로 본다. 호배휘는 정현 당시에 정현이 말하는 "卓王孫의 '卓'으로 읽는다"는 것이 무엇을 의미하는지는 정확히 알 수 없다고 보고, 卓은 超, 絶, 獨, 上前의 의미를 가지며, 따라서 경문의 "卓上"과 정현 주의 의미는 "가장 앞에"의 뜻이라고 본 『經義述聞』의 왕인지 설을 가장 정밀한 것으로 평가한다. 그러나 정현의 의도에 가장 부합하는 것은 호승공의 설이라 생각된다. 『의례정의』, 1295~1296쪽 참조.

6_ 왕이 탈 ~ 때문이다 : 왕은 4마리의 말을 탄다. 이제 10마리를 사용하는 것은 왕이 선택할 것을 대비하려는 것이다. 『의례정의』, 1296쪽 참조.

7_ 정수를 ~ 것이다 : 왕에게 진헌하는 예는 정수를 채워서 다른 예보다 성대하게 하는 것이니, 이것이 공경하는 의미이다. 『의례정의』, 1296쪽 참조.

8_ 왕이 ~ 것이다 : '왕이 옥을 받지 않는 것'은 직접 받지 않고 宰가 받는다는 뜻이다. 이것은 제후의 의례인 「빙례」에서 제후(公)가 직접 옥을 받아서 재에게 건네주는 것과 비교된다. 왕의 존귀함과 예를 중시하고 재물을 경시하는 뜻을 더하는 것이다.

해제 經-28에서 經-30까지는 후씨가 죄罪를 청하면 왕이 사양하고, 이에 노정路程에서의 노고를 위로하는 절차이다.

[覲禮10 : 經-28]

이에 후씨는 묘문廟門의 동쪽에서 오른팔의 겉옷과 속옷을 모두 벗어서 어깨가 드러나게 한다(右肉袒). 이에 문으로 들어와 오른쪽으로 나아가서, 북쪽을 향해 서서 직무를 보고하고 죄를 기다린다.
乃右肉袒于廟門之東. 乃入門右, 北面立, 告聽事.

정현주

'오른팔의 겉옷과 속옷을 모두 벗어서 어깨가 드러나게 한다'(右肉袒)[1]는 것은 형벌은 오른쪽에 가해야 하기 때문이다. 무릇 의례에 관한 일일 때는 왼쪽 어깨를 드러낸다. 들어갈 때 다시 오른쪽을 따르는 것은, 신하의 예의가 더욱 순전한 것이다. '직무를 보고하고 죄를 기다린다'(告聽事)[2]는 것은 왕에게 자기 나라가 죄가 될 만한 일을 한 것에 대해 아뢰는 것을 말한다. 『역易』에서 "그 오른쪽 팔뚝을 꺾으니, 허물이 없을 것이다"[3]라고 하였다. "右肉袒"者, 刑宜施於右也. 凡以禮事者左袒. 入更從右者, 臣益純也. '告聽事'者, 告王以國所用爲罪之事也. 『易』曰, "折其右肱, 无咎."

[覲禮10 : 經-29]

빈자擯者가 천자에게 후씨의 말을 아뢴다. 천자는 후씨에게 사양하여 말하기를, "백부께서는 죄가 될 만한 일을 하신 것이 없으니, 돌아가서 그대의 나라를 편안하게 하십시오"라고 한다.
擯者謁諸天子. 天子辭於侯氏, 曰, "伯父無事, 歸寧乃邦."

정현주

'알謁'은 아뢴다는 뜻이다. '녕寧'은 편안하게 한다는 뜻이다. '내乃'는 너의 뜻과 같다. '謁', 告. '寧', 安也. '乃'猶女也.

[覲禮10 : 經-30]

후씨는 머리를 바닥에 대면서 재배를 한 후에, 묘문을 나간다. 병풍(屛)의 남쪽으로부터 묘문의 서쪽으로 간다. 이어서 묘문으로 들어가 왼쪽으로 나아가서, 북쪽을 향해 선다. 왕이 노정路程에서의 노고를 위로한다. 후씨는 머리를 지면에 대면서 재배를 한다. 빈자擯者가 나아가서 "당에 오르십시오"라고 알려 준다. 후씨가 당에 올라가서 배례를 완성한 뒤에,[4] 당을 내려가서 묘문을 나간다.
侯氏再拜稽首, 出. 自屛南適門西. 遂入門左, 北面立. 王勞之. 再拜稽首. 擯者延之曰, "升." 升成拜, 降出.

정현주

왕이 (후씨가 죄를 청하는 것에 대해) 사양하였는데, 후씨가 왼쪽으로 나아가지 않는 것은, 나가서 병풍에 숨어 오른쪽 어깨를 수습하기 위해서이다. 천자는 병풍을 묘문 밖에 둔다.[5] '위로한다'(勞之)는 것은 노정路程에서의 노고를 위로한다는 뜻이다. 王辭之, 不卽左者, 當出隱於屛而襲之也. 天子外屛. '勞之', 勞其道勞也.

주

1_ 오른팔의 ~ 한다 : 禮에서 '袒'은 본래 왼팔의 겉옷을 벗어서 어깨 아래 팔뚝까지의 속옷을 드러내는 것으로, 공경함을 표시하는 것이다. '肉袒'은 왼팔의 겉옷과 속옷을 모두 벗어서 어깨 아래 팔뚝까지를 드러내는 것으로, 禮에서 최고의 공경함을 나타낸다. 『예기』「교특생」에서 "군주가 두 번 절하고 머리를 조아리며 어깨를 드러내고 직접 희생을 자르는 것은 공경함이 지극한 것이다"(君再拜稽首, 肉袒親割, 敬之至也)라고 하였다. 그런데 왼쪽이 아닌 오른쪽을 드러내는 것은 죄를 청하는 의미를 갖는다.

2_ 직무를 ~ 기다린다 : '告聽事'에 대해 학경은 "직무를 보고하고 죄를 기다린다"(述職待罪)라고 풀이하였다. 『의례정의』, 1299쪽 참조.

3_ 그 오른쪽 ~ 것이다 : 『주역』「豐卦」 九三의 爻辭이다. 정현이 이것을 인용하여 오른쪽이 형벌을 가하는 곳이 된다는 것의 증거를 들었다.

4_ 당에 올라가서 ~ 뒤에 : 경문에 보이는 "成拜"란, 卑者가 尊者에 대해 당 아래에서 再拜稽首를 하다가, 존자가 이것을 사양하면, 다시 당 위로 올라가서 다시 재배계수를 함으로써, 배례를 완성하는 것을 가리킨다.

5_ 천자는 ~ 둔다 : 가공언에 따르면, 이것은 『禮緯』의 문장이다. 『예위』에서 "천자는 병풍을 문 밖에 두고, 제후는 병풍을 문 안에 두고, 대부는 주렴을 치고, 사는 휘장을 친다"(天子外屛, 諸侯內屛, 大夫以簾, 士以帷)고 하였다. 이여규에 따르면, 병풍(屛)은 문의 가운데와 마주한 곳에 작은 담장을 세워서 그것으로 스스로를 가리는 것이다. 『의례주소』, 603쪽 및 『의례정의』, 1301쪽 참조.

「사후씨거복도賜侯氏車服圖」

(淸), 『흠정의례의소』

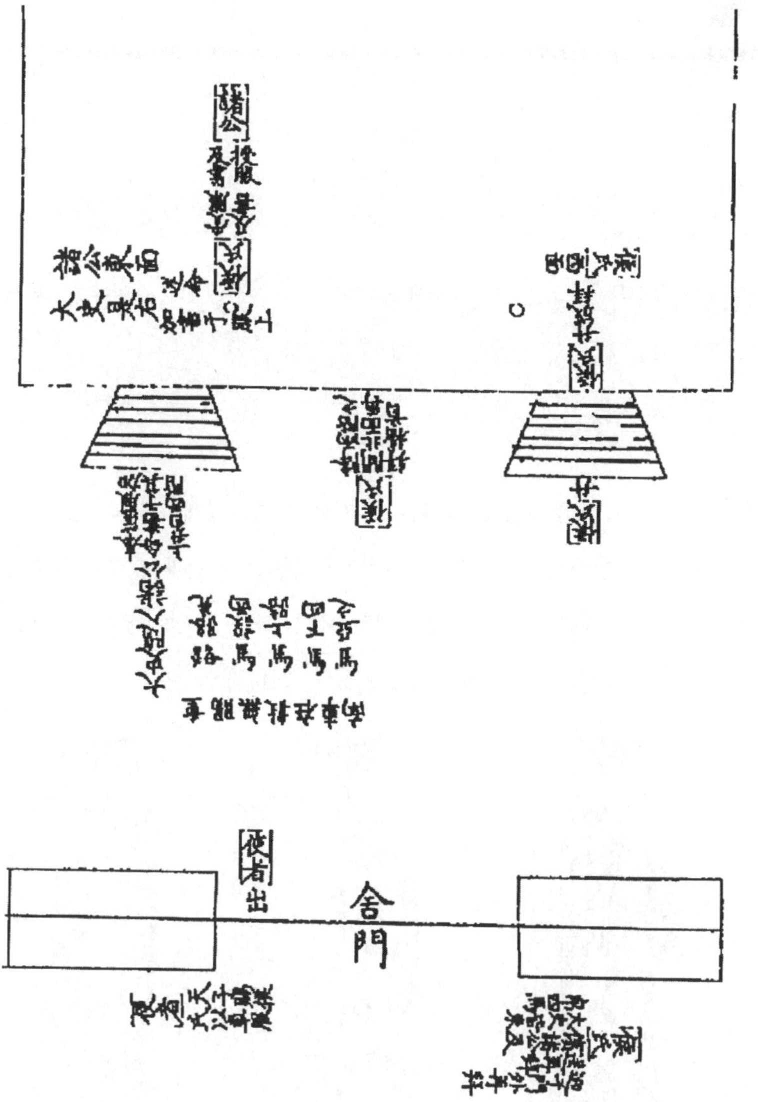

해제 經-31에서 經-38까지는 왕이 후씨에게 거복車服을 하사하는 절차이다.

[覲禮10 : 經-31]

천자가 사자를 보내어 후씨에게 수레와 의복을 하사하는데, 후씨는 관사의 외문外門 밖에서 맞이하여 재배를 한다.[1]

天子賜侯氏以車服, 迎于外門外, 再拜.

정현주 수레를 하사하는 것은, 동성同姓에게는 금로金路를, 이성異姓에게는 상로象輅를 하사하는 것이다.[2] 의복은 곤衮과 별鷩과 취毳를 하사한다.[3] 고문본에는 '迎于門外也'(문 밖에서 맞이한다)로 되어 있다. 賜車者, 同姓以金路, 異姓以象路. 服則衮也, 鷩也, 毳也. 古文曰, "迎于門外也."

상공곤면上公衮冕

섭숭의(宋), 『삼례도』

후백별면侯伯鷩冕

섭숭의(宋), 『삼례도』

자남취면子男毳冕

섭숭의(宋), 『삼례도』

[覲禮10 : 經－32]

수레(路 : 車馬)[4]를 먼저 진설하는데, 서쪽을 윗자리로 삼아 수레에 맬 4마리 말을 수레(路 : 車) 다음(동쪽)에 진설한다. 더 하사하는 좋은 물건들은 정해진 수가 없는데,[5] 수레의 남쪽에 놓는다.

路先設, 西上, 路下四, 亞之. 重賜無數, 在車南.

정현주

'로路'는 수레를 가리킨다. 무릇 군君이 타는 수레를 '로路'라고 한다. '수레에 맬 4마리 말'(路下四)이라는 것은 4마리 말을 가리킨다. '다음에 진설한다'(亞之)는 것은 수레 다음의 동쪽을 가리킨다. 『시』에서 "제후가 조회를 오니 무엇을 하사할까. 비록 하사할 것이 없으나, 수레와 말을 하사하리. 또 무엇을 하사할까? 현곤玄袞의 옷과 보불黼黻 무늬의 치마[6]를 하사하리"[7]라고 하였다. '중重'은 선善과 같은 의미이다. 더 하사하는 좋은 물건을 가리키는데, 그 양은 군주의 은혜에 따른다. 『춘추전』에서 "좋은 비단 30량을 하사한다"[8]고 하였다. '路'謂車也. 凡君所乘車曰'路'. '路下四', 謂乘馬也. '亞之', 次車而東也. 『詩』云, "君子來朝, 何錫予之? 雖無予之, 路車乘馬. 又何予之? 玄袞及黼." '重'猶善也. 所加賜善物, 多少由恩也. 『春秋傳』曰, "重錦三十兩."

[覲禮10 : 經－33]

사자使者로 온 제공諸公이 옷이 담긴 상자(篋)를 받들고, 명서命書[9]를 그 위에 올려놓고, 서쪽 계단으로 당에 올라가서, 동쪽을 향해 서면, 태사大史는 이에 그의 오른쪽에 선다.

諸公奉篋服, 加命書于其上, 升自西階, 東面, 大史是右.

정현주

'제공諸公'이라고 말한 것은, 왕이 동시에 나누어 명하여, 후씨에게 하사하도록 했기 때문이다. '우右'는 '주공周公이 왕실을 좌우한다'[10](周公右王)고 할 때의 '우右'처럼 읽는다. '이에 그의 오른쪽에 선다'(是右)는 것은 처음에는 후씨를 따라 들어가서, 후씨가 당에 올라가 동쪽을 향하면 이에 그의 오른쪽에 선다는 뜻이다. 고문본에는 '是'를 '氏'라고 하였다. 言'諸公'者, 王同時分命之而使賜侯氏也. '右'讀如"周公右王"之'右'. "是右"者, 始隨入, 於升東面, 乃居其右. 古文'是'爲'氏'也.

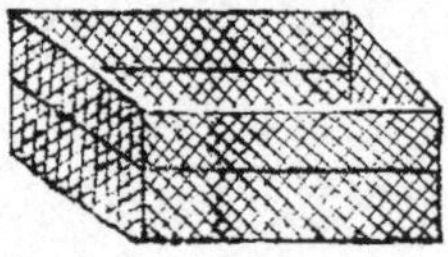

협篋

섭숭의(宋), 『삼례도』

[覲禮10 : 經－34]

후씨가 당에 올라가서, 서쪽을 향하여 선다. 태사는 명서命書를 읽는다.

侯氏升, 西面立. 大史述命.

정현주

왕명을 적은 글을 읽는 것이다. 讀王命書也.

[覲禮10 : 經－35]

후씨는 당에서 내려와 두 계단의 사이에서, 북쪽을 향하여 머리를 바닥에 대면서 재배를 한다.

侯氏降兩階之間, 北面再拜稽首.

정현주

명命을 받는 것이다. 受命.

[覲禮10 : 經 – 36]

후씨는 당에 올라가서 배례를 완성한다.

升成拜.

정현주

태사大史가 당에서 내려가 배례하는 것을 사양한다. 『춘추전』에서 "또 뒤이어 명命이 있으니 이성異姓 제후와 70세 이상의 노인은 당에서 내려가 배례하지 마십시오"라고 하였는데, 이렇게 사양하는 것과 같은 종류이다. 大史辭之降也. 『春秋傳』曰, "且有後命, 以伯舅耋老, 毋下拜", 此辭之類.

[覲禮10 : 經 – 37]

태사가 옷 위에 명서命書를 올려놓는다. 후씨는 그것을 받는다.

大史加書于服上. 侯氏受.

정현주

상자(篋)에 담긴 옷을 받는 것이다. 受篋服.

[覲禮10 : 經 – 38]

사자가 나간다. 후씨는 사자를 전송하여 재배한다. (사자가 나가기 전에) 사자에게 빈례儐禮를 행하여 대접하는데, 의복을 하사한 제공諸公에게 비단 열 단과 4마리 말을 주고, 태사에게 빈례를 행하여 대접하는 것도 이와 같이 한다.

使者出. 侯氏送, 再拜. 儐使者, 諸公賜服者, 束帛四馬, 儐大史亦如之.

정현주 이미 배례하여 전송했다고 하고 이어서 사자에게 빈례를 행하여 대접한다고 말한 것은, 앞서 교로郊勞의 예에서 완전한 의례 절차가 있었으므로,[11] 생략하여 이에 말한 것이다. 旣云拜送, 乃言儐使者, 以勞有成禮, 略而遂言.

주

1_ 천자가 ~ 한다 : 고유에 따르면, 朝覲하러 왔을 때 하사하지 않고 특별히 侯氏의 館舍로 使者를 보내서 하사하는 것은, 그 禮(수레와 의복을 하사하는 예)를 중시하는 것이다. 『의례정의』, 1302쪽 참조.

2_ 수레를 ~ 것이다 : '路'는 왕과 왕후의 수레를 칭하는 말이다. 왕에게는 다섯 종류의 수레, 즉 五路가 있는데, 그 중 玉路는 제사에 사용하는 것이므로 제후에게 하사하지 않는다. 金路는 同姓을 封할 때 하사하고, 象路는 異姓을, 革路는 四衛를, 木路는 蕃國을 봉할 때 각각 하사한다. 정현이 여기서 금로와 상로만을 말한 것은 예시를 한 것이다. 『의례정의』, 1302~1303쪽 참조.

3_ 의복은 ~ 하사한다 : 『주례』「司服」에 따르면, 公의 복식은 袞冕 이하이고, 侯伯의 복식은 鷩冕 이하이며, 子男의 복식은 毳冕 이하가 된다. 『의례정의』, 1302쪽 참조.

4_ 수레 : 호배휘는 경문에서 이 앞의 '수레'(路)는 車와 馬를 겸해서 하는 말이고, 뒤의 '수레'(路)는 車만 말하는 것이라고 명시하였다. 『의례정의』, 1303쪽 참조.

5_ 더 하사하는 ~ 없는데 : 정현의 주에 따르면, 정해진 수가 없이 군주의 은혜에 따라 그 양이 많기도 하고 적기도 하다는 뜻이다.

6_ 현곤의 옷과 ~ 치마 : 『시경』「采菽」의 공영달 소에 따르면, 玄袞은 袞龍이 그려진 玄色의 상의를, 黼는 黼黻 문양이 있는 絺冕의 치마를 가리킨다.(以玄衣而畫以袞龍, 下及絺冕之黼裳)

7_ 제후가 ~ 하사하리 : 인용된 시는 『시경』「采菽」의 문장이다. 『詩序』에 따르면, 이 시는 周의 幽王이 來朝한 諸侯들에게 예를 갖추어 명을 하사하지 못하고 오히려 제후들을 모욕하여 서로 불신하는 상황에서, 옛날의 도를 그리며 풍자한 것이다. 정현은 이 시를 인용하여 수레와 의복을 하사하는 증거를 들었다.

8_ 좋은 ~ 하사한다 : 『좌전』 閔公 2년의 내용이다. '重'이 '美'(善)의 의미로 사용되는 증거를 든 것이다.

9_ 명서 : 命書는 왕이 수레와 의복을 하사한다는 명을 적은 글이다.

10_ 주공이 ~ 좌우한다 : 『좌전』 襄公 21년의 문장이다. 周公이 왕실을 左右한 것을 말한다. 諸侯는 직분이 높고 太史는 직분이 낮아서, 처음에는 公을 따라서 들어가지만, 당에 올라가서는 공과 함께 東面하여 공의 오른쪽에서, 侯氏에게 내리는 命書를 읽는 것을 '좌우한다'는 것에 비긴 것이다. 『의례정의』, 1304쪽 참조.

11_ 교로의 예에서 ~ 있었으므로 : 覲禮의 처음에, 왕이 使者를 郊에 보내서 侯氏를 위로하는 郊勞의 예([근례10 : 經-1]에서 [經-6]까지)에서, 후씨가 사자에게 儐禮를 행하여 대접하는 의례 절차가 자세히 기록되어 있음을 가리킨다. 『의례정의』, 1306쪽, 장이기의 설 참조.

해제

經-39는 왕의 사명辭命에 쓰이는 칭위의 차이이다.

[覲禮10 : 經-39]

천자는 동성同姓인 큰 나라의 제후에게는 '백부伯父'라고 하고, 이성異姓이면 '백구伯舅'라고 한다. 동성인 작은 나라의 제후에게는 '숙부叔父'라고 하고, 이성인 작은 나라의 제후에게는 '숙구叔舅'라고 한다.

同姓大國, 則曰'伯父', 其異姓, 則曰'伯舅'. 同姓小邦, 則曰'叔父', 其異姓小邦, 則曰'叔舅'.

정현주

이 예禮에 의하면 '백부伯父'라고 한 것은[1] 동성인 큰 나라의 제후여서 그렇게 말한 것이다. 據此禮云'伯父', 同姓大邦而言.

주

1_ '백부'라고 한 것은 : 앞의 경문([근례10 : 經－8]과 [經－11])에서 '백부'라고 칭한 것을 가리킨다.

해제 經-40은 왕이 후씨에게 향饗과 사食, 연燕의 예를 행함으로써 근례가 완결됨을 간략히 말한 것이다.

[覲禮10 : 經-40]

천자가 향례饗禮와 사례食禮 및 연례燕禮[1]를 베푼 뒤에, 후씨가 자기 나라로 돌아간다.

饗·禮, 乃歸.

정현주

'예禮'는 사례와 연례를 가리킨다. 왕이 몸소 참석하지 못할 경우에는, 예폐禮幣[2]를 가지고서 바치게 한다. 향饗·예禮로 간략히 말한 것은 호문互文(文義가 서로를 보완하는 문장)이다.[3] 『주례』「장객」에서 "상공上公에게는 향례 3번, 사례 3번, 연례 3번을 베풀고, 후侯·백伯에게는 향례 2번, 사례 2번, 연례 2번을 베풀고, 자子·남男에게는 향례 1번, 사례 1번, 연례 1번을 베푼다"고 하였다. 禮, 謂食燕也. 王或不親以其禮幣致之. 略言饗[4]禮互文也.「掌客職」曰, "上公三饗三食三燕, 侯伯再饗再食再燕, 子男一饗一食一燕."

주

1_ 향례와 사례 및 연례 : 饗禮는 희생을 삶아서 빈에게 술을 마시게 하는 예이다. 「빙례」 정현주에 따르면 饗禮와 食禮는 서로 앞뒤로 거행된다. 저인량은, 빈을 대접하는 饗, 食, 燕 세 가지 의례 가운데, 饗禮가 가장 중하고, 다음으로 食禮가 중하고, 다음으로 燕禮가 중하다고 하였다. 饗은 공경함을 위주로 하고, 燕은 즐거워함을 위주로 하며, 食는 이것으로 현자를 봉양하는 예를 밝히는 것이다. 그러므로 饗禮에서는 비록 진설되어 있더라도 희생의 몸체를 먹지 않고, 술을 마시지 않고, 几에 기대지 않고, 엄숙함과 공경함을 다한다. 食禮는 밥을 위주로 하여 술과 음료수를 마시지 않고, 燕禮는 마시는 것을 위주로 하여 밥을 먹지 않고 一獻의 禮를 행한 뒤, 당 위로 올라가 앉아서 기쁨을 다한다. 『의례정의』, 666쪽 참조.

2_ 예폐 : 禮幣는 군주가 빈객을 예우할 때 하사하는 폐백이다. [빙례08 : 經－360] 정현 주, "禮幣, 主國君初禮賓之幣也" 참조.

3_ 향·예로 ~ 호문이다 : 경문에서 간략하게 '饗·禮'라고 했지만, 왕이 일이 없으면 몸소 饗禮를 베풀고, 일이 있으면 몸소 饗禮를 행하지 않고 禮幣를 가지고 가서 바치게 하며, 왕이 일이 있으면 몸소 食禮와 燕禮를 베풀지 않고 禮幣를 가지고 가서 바치게 하고, 왕이 일이 없으면 몸소 食禮와 燕禮를 행하는 경우를 모두 포함하는 것이다. 그러므로 互文이라고 한 것이다. 『의례정의』, 1309쪽 참조.

4_ 饗 : 교감기에 따르면, 양복은 '享'으로 쓰고, 오계공은 '饗'으로 쓴다. 단옥재의 『說文注』에 따르면, 『주례』의 용례는 祭享에서는 '享'을 쓰고, 饗燕에서는 '饗'을 쓴다. 그러나 『小戴記』의 용례는 祭享과 饗燕에서 모두 '饗'을 쓰고 '享'을 쓰지 않으며, 『좌전』의 용례는 모두 '享'을 쓰고 '饗'을 쓰지 않는다. 한편, 『毛詩』의 용례는 神에게 바칠 때에는 '享'이라고 하고, 신이 그 바친 것을 먹을 때에는 '饗'이라고 한다. 『의례정의』, 1308쪽 참조.

「대조근도大朝覲圖」
(清),『흠정의례의소』

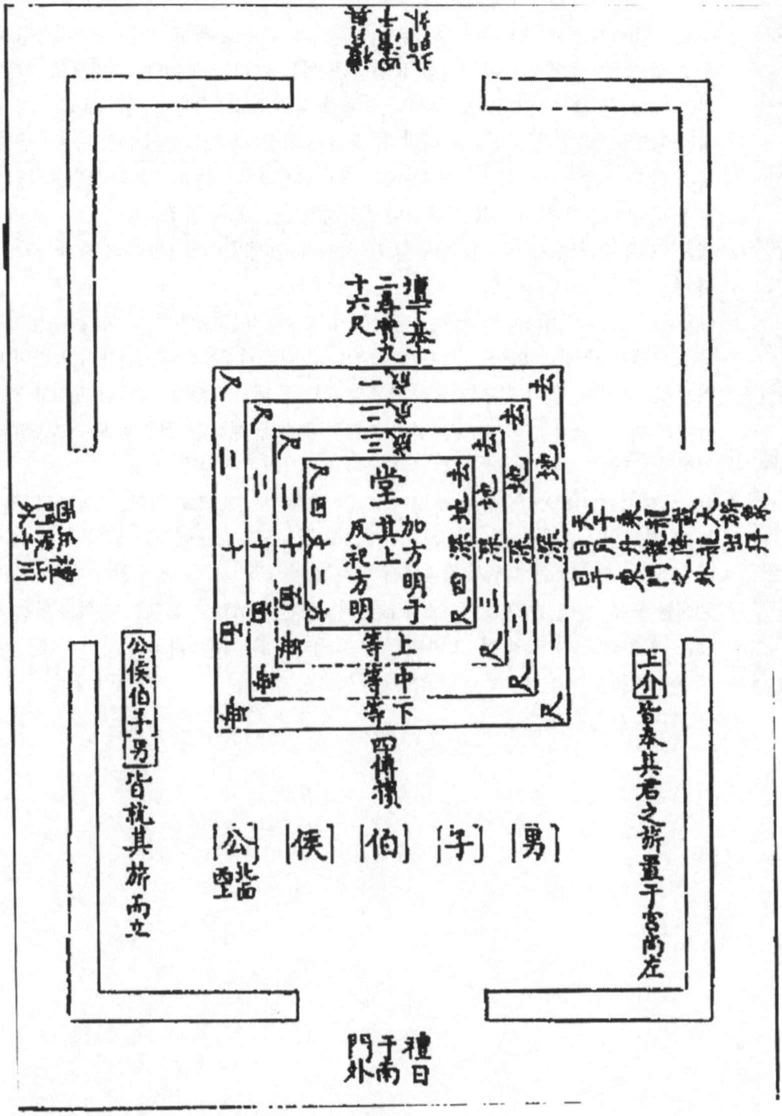

「회동위단사방명會同爲壇祀方明」

장혜언(淸), 『의례도』

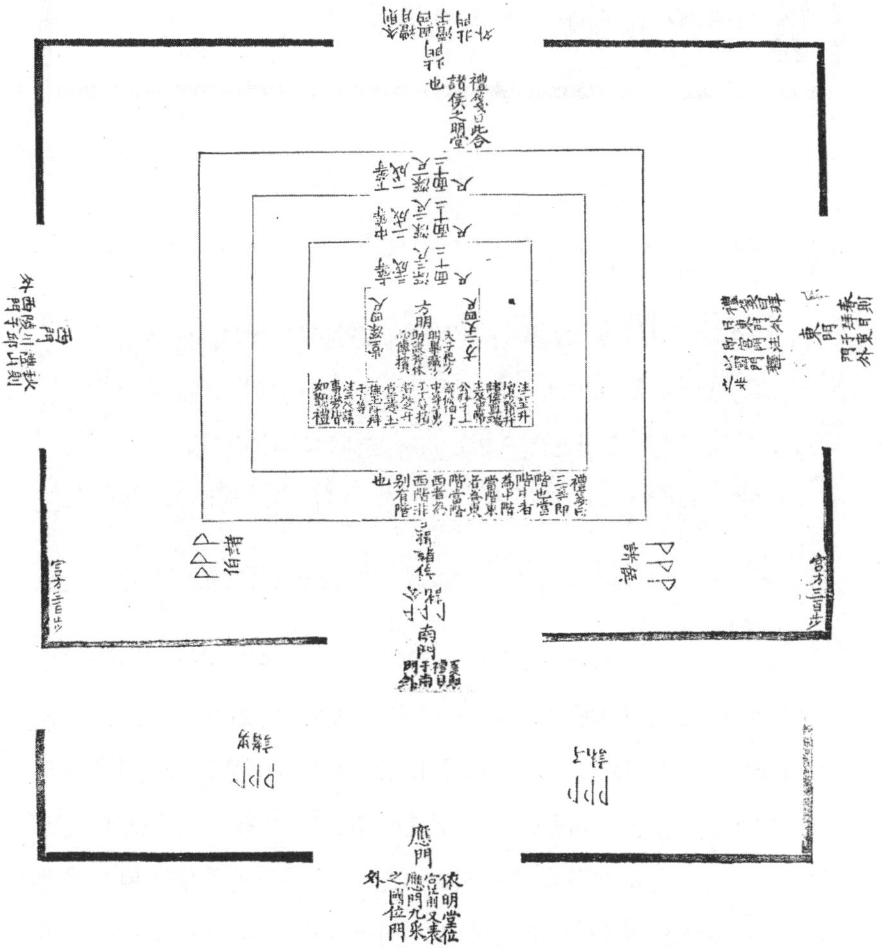

해제 經-41에서 經-46까지는 회會와 동同의 예이다.

[覲禮10 : 經-41]

제후가 회會와 동同으로 천자를 조근朝覲할 때,[1] 사방 300보가 되는 궁宮을 만드는데, 4개의 문을 만들고, 둘레 12심에, 높이 4척의 단壇을 쌓고, 그 위에 방명方明(상하 사방 신명의 형상)을 얹는다.

諸侯覲于天子, 爲宮方三百步, 四門, 壇十有二尋, 深四尺, 加方明于其上.

정현주 4계절의 조근은 묘廟에서 받는다. 여기서는 수시로 거행하는 회(時會)와 성대하게 거행하는 동(殷同)을 말하는 것이다. '궁宮'은 흙을 쌓아올려(壝) 낮은 담장(埒)을 만들어서, 장벽墻壁을 형상한 것이다.[2] 궁은 국외에 만드는데, 봄에 회동할 때는 동방에 만들고, 여름에 회동할 때는 남방에 만들고, 가을에 회동할 때는 서방에 만들고, 겨울에 회동할 때는 북방에 만든다. 8척을 '심尋'이라고 한다. 12심이면 사방 96척이다. '심深'은 높이를 말한다. 위에서부터 말하면 깊이가 된다. 『주례』「사의」에서 "단壇을 3층(成)으로 만든다"고 했는데 '성成'은 중重과 같다. '3중重'이란 아래에서부터 차이를 두면서 3등급이 되게 만들어서 맨 위에는 당堂이 있는 것이다. 당 위는 사방 2장 4척이다. 상등, 중등, 하등의 각 면은 12척이다.[3] '방명方明'이라는 것은 상하 사방의 신명神明의 형상이다. 상하 사방의 신이란 이른바 '명찰明察하는 신'이라고 하는 것이다.[4] 회동하면서 맹盟[5]을 할 때, 명찰하는 신이 그것을 감찰하는 것이니, 그것을 하늘의 사맹司盟이라고 하는 것이다.[6] 형상이 있는 것은 종묘에 신주가 있는 것과 같은 것인가. 왕이 순수하여 사방의 산악 아래에 이르면 제후들이 그곳에 모이는데, 이때에도 이 궁宮을 만들어서 왕을 뵙는다. 『주례』「사의」에서 "장차 제후들과 회동하고자 하면, 3층의 단을 쌓도록 명하는데, 궁의 옆면에 문을 하나씩 만든다. (사의司儀가) 왕에게 의식절차를 아뢰어 남쪽을 향해 제후들을 회견하도록 한다"고 하였다. 四時朝覲受之於廟. 此謂時會殷同也. '宮', 謂壝土爲埒, 以象墻壁也. 爲宮者, 於國外, 春會同則於東方, 夏會同則於南方, 秋會同則於西方, 冬會同則於北方. 八尺曰'尋'. 十有二尋則方九十六尺也. '深'謂高也, 從上曰深. 「司儀職」曰, "爲壇三成", '成'猶重也. '三重'者, 自下差之爲三等, 而上有堂焉. 堂上方二丈四尺. 上等, 中等, 下等, 每面十二尺. '方明'者, 上下四方神明之象也. 上下四方之神者, 所謂'神明'也. 會同而盟, 明神監之, 則謂之天之司盟. 有象者, 猶宗廟之有主乎. 王巡守, 至于方嶽之下, 諸侯會之, 亦爲此宮以見之. 「司儀職」曰, "將會諸侯, 則命爲壇三成, 宮旁一門. 詔王儀, 南鄕見諸侯也."

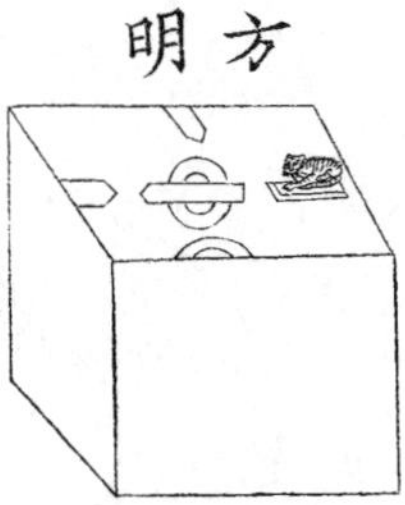

방명方明

섭숭의(宋), 『삼례도』

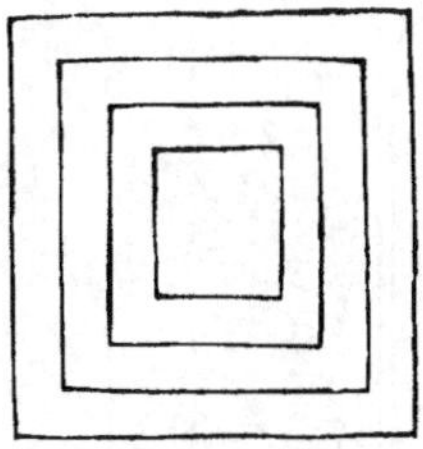

방명단方明壇

섭숭의(宋), 『삼례도』

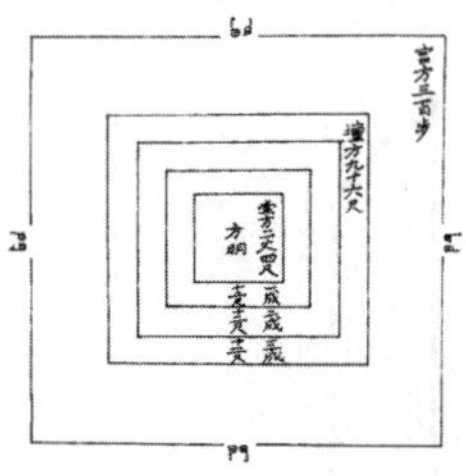

단유궁壇壝宮

(淸), 『흠정의례의소』

[覲禮10 : 經－42]

'방명方明'이란 것은 나무로 만든 것이다. 길이, 너비, 높이가 모두 4척이다. 겉은 6가지 색을 칠하는데, 동방은 청색青色, 남방은 적색赤色, 서방은 백색白色, 북방은 흑색黑色, 위는 현색玄色, 아래는 황색黃色을 칠한다. 6가지 옥玉을 박아 넣는데, 위에는 규圭, 아래에는 벽璧, 남방에는 장璋, 서방에는 호琥, 북방에는 황璜, 동방에는 규圭를 박아 넣는다.[7]

'方明'者, 木也. 方四尺. 設六色, 東方青, 南方赤, 西方白, 北方黑, 上玄, 下黃. 設六玉, 上圭, 下璧, 南方璋, 西方琥, 北方璜, 東方圭.

정현주

6가지 색으로 그 방위의 신神을 형상하고, 6가지 옥玉으로 신에게 예를 올린다.[8] 위에는 창벽蒼璧으로 하는 것이 마땅하고 아래에는 황종黃琮으로 하는 것이 마땅한데 그렇게 하지 않는 까닭은, 상하의 신神이 지극히 존귀한 천지天地가 아니기 때문이다. 옥을 설치하는 방법은 그 나무 부분을 깎아 내고 그곳에 붙여 넣는 것이다. 六色象其神, 六玉以禮之. 上宜以蒼璧, 下宜以黃琮, 而不以者, 則上下之神, 非天地之至貴者也. 設玉者, 刻其木而著之.

적장赤璋

황이주(淸),『예서통고』

백호白琥

황이주(淸),『예서통고』

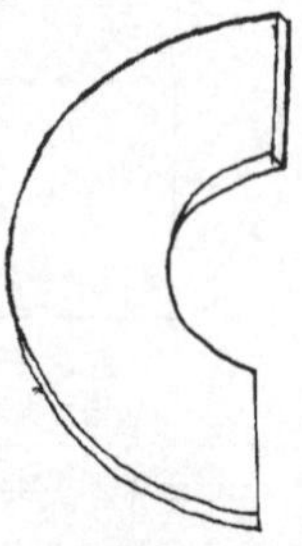

현황玄璜

황이주(淸),『예서통고』

[覲禮10 : 經 – 43]

상개上介가 각국 군주의 기旂를 모두 받들어서, 궁宮 앞에 세우는데, 왼쪽(동쪽)을 윗자리로 삼는다. 공公, 후侯, 백伯, 자子, 남男이 모두 자신의 기旂 아래에 나아가서 선다.

上介皆奉其君之旂, 置于宮, 尙左. 公侯伯子男皆就其旂而立.

정현주

'궁宮 앞에 세운다'(置於宮)는 것은, 기旂를 세워서 군君이 왕을 뵙는 자리를 미리 만드는 것을 가리킨다. 제공諸公은 가운데 계단의 앞에서 북쪽을 향하는데 동쪽을 윗자리로 삼는다. 제후諸侯는 동쪽 계단의 동쪽에서 서쪽을 향하는데 북쪽을 윗자리로 삼는다. 제백諸伯은 서쪽 계단의 서쪽에서 동쪽을 향하는데 북쪽을 윗자리로 삼는다. 제자諸子는 문의 동쪽에서 북쪽을 향하는데 동쪽을 윗자리로 삼는다. 제남諸男은 문의 서쪽에서 북쪽을 향하는데 동쪽을 윗자리로 삼는다. '왼쪽을 윗자리로 삼는다'(尙左)는 것은 모두 기旂를 세울 때, 공이 동쪽을 윗자리로 삼고, 후가 백의 앞에 서고, 백이 자의 앞에 서고, 자가 남의 앞에 서서, 자리가 모두 동쪽을 윗자리로 삼는 것을 가리킨다.[9] 제후들이 유문壝門에 들어가서는 왼쪽으로 나아가기도 하고 오른쪽으로 나아가기도 하여[10] 각자 자기의 기旂가 있는 곳에 나아가 선다. 왕이 계단에서 내려와, 남쪽을 향해 제후들을 보고 세 번 읍揖을 한다. 서성庶姓에게는 사읍土揖을 하고, 이성異姓에게는 시읍時揖을 하고, 동성同姓에게는 천읍天揖을 한다.[11] 왕이 제후들을 보고 읍을 하고 나면, 자리가 이에 정해진다. 고문본에는 '尙'이 '上'으로 되어 있다. '置於宮'者, 建之, 豫爲其君見王之位也. 諸公, 中階之前, 北面東上. 諸侯, 東階之東, 西面北上. 諸伯, 西階之西, 東面北上. 諸子, 門東, 北面東上. 諸男, 門西, 北面東上. 尙左者, 建旂, 公東上, 侯先伯, 伯先子, 子先男, 而位皆上東方也. 諸侯入壝門, 或左或右, 各就其旂而

立. 王降階, 南鄕見之三揖. 土揖庶姓, 時揖異姓, 天揖同姓. 見揖, 位乃定. 古文'尙'作'上'.

[覲禮10 : 經 - 44]

빈자擯者를 갖추어 4차례 명命을 전달한다.[12]

四傳擯.

정현주 왕이 이미 5등等의 제후에게 읍을 하고, 단壇에 올라가면, 빈자擯者를 갖추어, 제후에게 단에 올라가서 회동의 예를 거행하게 하는 것이다. 제후들이 서옥瑞玉과 폐백을 내려놓는데, 공公은 맨 위층에서, 후侯, 백伯은 가운데층에서, 자子, 남男은 맨 아래층에서 배례를 완성한다.[13] 빈자가 매번 제후들을 뒤따르며 당에 올라가 명命을 올릴 것을 아뢴다. 왕이 옥을 받고, 옥을 어루만진 뒤에[14] 당에서 내려가 아래[15]에서 배례를 한다. 직무를 아뢰고 죄를 청하는 절차와 왕이 노정路程에서의 노고를 위로하는 절차는 모두 근례覲禮의 절차와 같이 한다. 이 때문에 그것을 근례라 하여 기록한 것이다.[16] '빈자를 갖추어 4차례 명을 전달한다'(四傳擯)는 것은 매번 하나의 작위가 예를 마칠 때마다, 빈자가 아뢰어서 이에 진열을 바꾼 다음 당에 올라가도록 하는 것을 말한다. 그 차서는 공公, 후侯, 백伯이 각각 하나의 작위이고; 자子, 남男은 문門을 끼고 있지만 함께 동쪽을 윗자리로 삼으므로 또한 하나의 작위이다. 뜰에 이르면 이에 빈자를 갖추는 것이니, 제후가 처음 문에 들어설 때에는 왕관王官의 백伯이 그들을 인솔할 뿐이다.[17] 고문본에는 '傳'이 '傅'로 되어 있다. 王旣揖五者, 升壇, 設擯, 升諸侯以會同之禮. 其奠瑞玉及享幣, 公拜於上等, 侯伯於中等, 子男於下等. 擯者每延之, 升堂致命. 王受玉撫玉, 降

拜於下等. 及請事·勞, 皆如覲禮. 是以記之覲云. '四傳擯'者, 每一位畢, 擯者以告, 乃更陳列而升. 其次, 公也, 侯也, 伯也, 各一位, 子男, 俠門而俱東上, 亦一位也. 至庭乃設擯, 則諸侯初入門, 王官之伯帥之耳. 古文'傳'作'傅'.

[覲禮10 : 經-45]

천자는 용마龍馬가 끄는 수레를 타는데, 해와 달, 승천하는 용과 하강하는 용의 형상이 있는 대기大旂를 꽂는다. 궁을 나가서, 왕성의 동문 밖에서 해에게 배례하고, 돌아와서 방명方明에 제사를 지낸다.

天子乘龍, 載大旂[18], 象日月·升龍·降龍. 出, 拜日於東門之外, 反祀方明.

정현주

이것은 봄에 회동하는 경우를 말한 것이다.[19] 말이 8척 이상이면 '용龍'이라고 한다.[20] '대기大旂'는 태상大常을 가리킨다. 왕이 태상을 세우는데, 정폭(縿)의 윗부분에 해와 달을 그리고 그 아래와 깃발 가장자리의 장식(旒)에는 승천하는 용과 하강하는 용을 교차하여 그린다. 『대대례』「조사의」에서는 "천자가 면冕을 쓰고 진규鎭圭를 잡는데 길이가 1척 2촌이고, 옥 받침대(繅藉)의 길이도 1척 2촌이다. 대규大圭를 꽂고 대로大路를 타고, 12류旒를 단 태상大常을 세우고, 말뱃대끈(樊纓)을 12줄 두르고, 부거(貳車)가 12승이다. 제후를 인솔하여 동교東郊에서 해에게 배사拜祀하는 것은, 존귀한 이를 존경하는 것을 가르치기 위한 것이다.[21] 물러나서 제후의 조견을 받는다"고 하였다. 이 두 가지[22]에 따라 말하면, 이미 방명方明에게 제사 지내고 나서 회동의 예에 따라 제후를 만나는 것이다. 무릇 회동이라는 것은 불협不協하는 일이 있으면 맹盟을 하는 것이다.[23] 『주례』「사맹직」에서 "무릇 제후국들 간에 의심스러워하는 일이 있으면 회동을 한다. 맹약盟約의 말을 기재한 문서와 그 예의를 관장하여, 북쪽을 향해 명찰明察하는 신명에게 아뢴다. 맹약이 끝나면 문서들을 각자 보관한다"고 하였다. '북쪽을 향해 명찰하는 신명에게 아뢴다'고 하였으므로 명찰하는 신의 형상이 있는 것이다. 형상이란 그 방명인가? 맹약할 때에는 또 단壇 위에 올려놓고 기재한 말로 아뢴다. 저축詛祝이 그 축호祝號(신명에게 고하는 언사)를 관장한다.[24] 此謂會同以春者也. 馬八尺以上爲'龍'. '大旆', 大常也. 王建大常, 縿首畫日月, 其下及旒交畫升龍·降龍. 「朝事儀」曰, "天子冕而執鎮圭, 尺有二寸, 繅藉尺有二寸. 搢大圭, 乘大路, 建大常十有二旒, 樊纓十有二就, 貳車十有二乘. 帥諸侯而朝日於東郊, 所以教尊尊也. 退而朝諸侯." 由此二者言之, 已祀方明, 乃以會同之禮見諸侯也. 凡會同者, 不協而盟. 「司盟職」曰, "凡邦國有疑會同. 則掌其盟約之載書及其禮儀, 北面詔明神. 既盟則藏之." 言'北面詔明神', 則明神有象也. 象者其方明乎? 及盟時又加於壇上, 乃以載辭告焉. 詛祝掌其祝號.

태상太常(大旂)

섭숭의(宋), 『삼례도』

기旂

섭숭의(宋), 『삼례도』

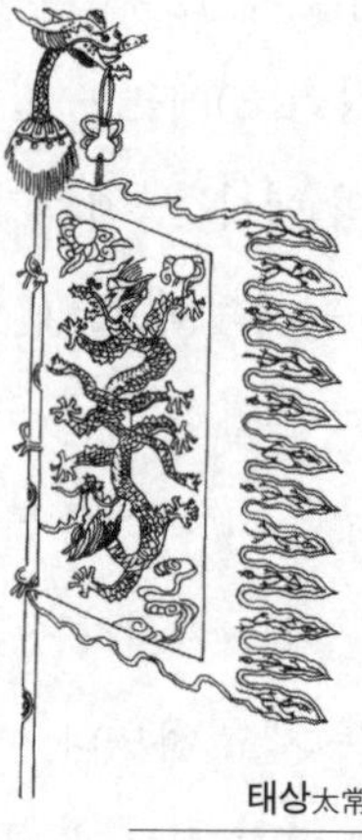

태상太常

황이주(淸), 『예서통고』

[覲禮10 : 經 – 46]

여름에 회동할 때는 남문 밖에서 해에게 예를 행하고, 겨울에 회동할 때는 북문 밖에서 달과 사독四瀆[25]에게 예를 행하고, 가을에 회동할 때는 서문 밖에서 산천山川과 구릉丘陵에 예를 행한다.

禮日於南門外, 禮月與四瀆於北門外, 禮山川丘陵於西門外.

정현주

이것은 여름, 가을, 겨울에 회동하는 경우를 말한 것이다. '배례하다'(拜)를 바꿔서 '예를 행하다'(禮)라고 말하는 것은 제사를 지낼 수도 있기 때문이다.[26] 북교北郊에서 달에 배사하는 것은 달이 태음太陰의 정기精氣로서 지신地神이 되기 때문이다. 신에게 맹약할 때 반드시 일월산천을 말하는 것은 빛나고 밝은 것을 숭상하는 것이다. 『시』에서는 "나를 믿을 수 없다고 말한다면 밝은 해를 두고 맹세하리라"[27]라고 하였고, 『춘추전』에서는 "비록 그대는 잊었으나, 산천의 신기神祇가 어찌 잊었겠는가?"[28]라고 하였다. 이것은 모두 명찰明察하는 신을 말함으로써 신뢰의 징표로 삼는 것이다. 此謂會同以夏冬秋者也. 變'拜'言'禮'者, 容祀也. 禮月於北郊者, 月, 太陰之精, 以爲地神也. 盟神必云日月山川焉者, 尙著明也. 『詩』曰, "謂予不信, 有如皦日", 『春秋傳』曰, "縱子忘之, 山川神祇其忘諸乎?" 此皆用明神爲信也.

주

1_ 회와 동으로 천자를 조근할 때 : 사계절에 정기적으로 조회하는 朝, 宗, 覲, 遇 이외에, 특별한 일이 있어 제후가 부정기적으로 천자를 뵙는 '時見'을 '會'라고 하고, 천자의 명으로 사방 六服(王畿 이외의 侯服, 甸服, 男服, 采服, 衛服, 要服)의 모든 제후들이 모여 천자를 뵙는 '殷見'을 同이라고 한다. '殷'은 크고 성대하다는 뜻이다.

2_ 궁은 ~ 것이다 : 『주례』「司儀」에서는 이것을 '壇壝宮'이라 한다고 하였다.(宮謂壝土以爲牆處, 所謂爲壇壝宮也)

3_ 각 면은 12척이다 : '각 면'은 매 층의 폭(너비)을 가리킨다. 3층의 폭이 모두 같다는 뜻이다. 앞서 제시한 「大朝覲圖」 참조.

4_ 이른바 ~ 것이다 : 『주례』「司盟」에서 말하는 '明神'을 가리킨다는 뜻이다. 「사맹」의 정현 주에서 "명신은 명찰하는 신이다"(明神, 神之明察者)라고 하였다. 『의례정의』, 1314쪽 참조. 정현 주 원문의 '神明'은, 「교감기」에 따르면 藍本 등에 '明神'으로 되어 있다. '명신'으로 보는 것이 『주례』 및 가공언 소와도 부합한다.

5_ 맹 : 왕과 제후, 제후와 제후, 군주와 신하 사이에 不協하는 일이 있으면 會를 하여 맹약을 하는 의식이다. 천자의 巡狩나 同을 할 때에도 盟을 한다. 『예기』「곡례」에서 "말로 약속하는 것을 '誓'라고 하고, 희생을 앞에 두고 하는 것을 '盟'이라 한다"(約信曰誓, 涖牲曰盟)고 하였다. 盟의 의식은, 땅을 파서 구덩이를 만들고, 구덩이 위에서 희생을 죽인 다음, 희생의 왼쪽 귀를 잘라 珠盤에 담고, 그 피를 玉敦에 담는다. 피를 가지고 맹약의 글을 쓴 다음, 피를 조금 마시는(일설에는 입가에 바른다고 한다) 歃血의 의식을 하고, 맹약의 글을 읽은 후에 희생과 글을 구덩이에 묻는 것이다. 『예기』「곡례하」, 공영달의 소 참조.

6_ 그것을 하늘의 ~ 것이다 : 司盟은 『주례』 秋官의 속관으로 맹약의 언사와 그 의례를 관장한다. 정현의 뜻은 方明이 天의 司盟이라는 것이다.

7_ 위에는 규 ~ 넣는다 : 圭는 위는 뾰족하고 아래는 네모진 장방형의 玉器이다. 천자와 제후 등이 의례에서 사용하는 신표로, 신분에 따라 크기와 명칭이 다르다. 「빙례」 정현 주에, "규는 그것을 잡아서 瑞節로 삼는 것이다. '위쪽의 좌우를 깎아서 예리하게 한다'는 것은 하늘이 둥글고 땅이 네모난 것을 상징하는 것이다"(圭, 所執以爲瑞節也. 剡上, 象天圜地方也)라고 하였다. 璧은 가운데에 둥근 구멍이 뚫려 있는 동그란 모양의 玉器이다. 璋은 圭를 세로로 반을 자른 모양의 옥기이다. 「빙례」 정현 주에, "부인에게 빙의 예를 행할 때에는 장을 사용하는데, 그것이 규의 절반이 되는 뜻을 취하는 것이다. 군주에게 享의 예를 행할 때에는 벽을 사용하고, 부인에게는 琮(팔각으로 모난 모양의 옥기)을 사용하는 것은 천지가 배합하는 형상이다. 규와 장을 단독으로 바치는 것은 신표이기 때문이다. 벽과 종을 속백과 함께 바치는 것은 덕 있는 사람에게 보내는 것이기 때문이다. 『주례』「춘관·전서」에 '장식을 새겨 넣은 규·장·벽·종을 가지고 조빙을 한다'고 했다"(其聘用璋, 取其半圭也. 君享用璧, 夫人用琮, 天地配合之象也. 圭璋特達, 瑞也. 璧琮有加, 往德也. 『周禮』曰, 瑑圭·璋·璧·琮, 以覜聘)라고 하였다. 琥는 호랑이 모양을 조각한 옥기이다. 璜은 璧을 반

으로 자른 모양의 옥기이다. 『주례』「춘관·대종백」에서 "옥으로 6가지 예기를 만들어 천지 사방에 예를 올린다. 蒼璧으로 하늘에 예를 올리고, 黃琮으로 땅에 예를 올리고, 靑圭로 동방에 예를 올리고, 赤璋으로 남방에 예를 올리고, 白虎로 서방에 예를 올리고, 玄璜으로 북방에 예를 올린다"(以玉作六器, 以禮天地四方. 以蒼璧禮天, 以黃琮禮地, 以靑圭禮東方, 以赤璋禮南方, 以白琥禮西方, 以玄璜禮北方)라고 하였다. 이 「근례」에 보이는 方明은 천자가 회동의 예를 거행할 때 설치하는 상하사방의 神主로, 六玉이 장식되어 있는데, 이는 『주례』「대종백」의 六玉과 다르다. 양자의 차이에 대한 역대 예학가들의 견해가 분분한데, 첸쉬안은 이에 대해 「근례」 경문에서 "上璧下琮"을 말하지 않고 "上圭下璧"이라고 한 것은 기록한 문장의 오류라는 金榜의 설을 인용하고, 「근례」에서 "上圭"와 "東方圭"라 했으므로 六玉이 아니라 실은 五玉임을 지적하여, 「근례」의 이 문장에 오류가 있다는 금방의 설을 지지한다. 『삼례사전』, 228쪽 참조.

8_ 6가지 옥으로 ~ 올린다 : 호배휘는 여기서 언급하는 6가지 玉은 신명의 형상인 方明의 장식에 관한 것이지 6神에게 玉을 바쳐서 예우하는 것과는 별개의 사안이라고 보고, 정현의 주를 비판한다. 『의례정의』, 1315~1316쪽 참조. 호배휘의 지적대로 경문의 6가지 옥은 방명의 장식에 소용되는 것으로 「대종백」의 6가지 옥과는 별개의 사안이다. 정현은 분명히 『주례』「춘관·대종백」에서 蒼璧으로 하늘에 예를 올리고, 黃琮으로 땅에 예를 올리고, 靑圭로 동방에 예를 올리고, 赤璋으로 남방에 예를 올리고, 白虎로 서방에 예를 올리고, 玄璜으로 북방에 예를 올린다(以玉作六器, 以禮天地四方. 以蒼璧禮天, 以黃琮禮地, 以靑圭禮東方, 以赤璋禮南方, 以白琥禮西方, 以玄璜禮北方)고 한 것을 염두에 두고 있다. 그러나 이어지는 정현 주의 내용에서도 알 수 있듯이 정현이 이곳에서 「대종백」의 6가지 옥을 언급하여 양자의 관계를 연계시켜 언급한 것과, 경문의 내용을 신에게 바치는 옥이 아닌 방명의 장식에 관한 것으로 명백하게 인식하고 있었다는 것은 구분될 필요가 있다. 가공언은 「대종백」의 소에서, 정현의 이 「근례」 주를 인용하고, 정현이 天地와 구별해서 말한 上下의 신은 日月이라고 부연설명하고 있다.(鄭彼注云"上宜以蒼璧, 下宜以黃琮, 而不以者, 則上下之神非天地之至貴者"也. 彼上下之神是日月, 故陳玉與此不同也) 호배휘의 지적은 정현이 양자의 관계를 연계시켜 보고자 한 것에 대한 비판인 셈이다.

9_ '왼쪽을 윗자리로 삼는다'는 ~ 가리킨다 : 성세좌의 설명에 따르면, "왼쪽을 윗자리로 삼는다"는 것은 왕을 기준으로 말한 것이다. 왕은 南面을 하므로 동쪽이 왼쪽이 된다. 그러므로 諸公은 北面하여 동쪽을 윗자리로 삼고, 諸侯는 諸伯의 동쪽에 있게 되며, 諸子는 諸男의 동쪽에 있게 되므로, 이것이 모두 왼쪽을 윗자리로 삼는 것이 된다. 『의례정의』, 1317쪽 및 諸侯들의 배치는 장혜언, 『儀禮圖』의 「會同爲壇祀方明」 그림 참조.

10_ 제후들이 ~ 하여 : 호배휘는 經에는 비록 네 개의 문이 있지만, 왕이 남향을 하고 있으므로, 제후는 모두 남쪽을 통해서 들어가야 한다고 하였다. 그렇다면, '或左或

右'는 문에 들어간 뒤에, 각자 왼쪽으로 나아가기도 하고, 오른쪽으로 나아가기도 하여 자기의 旂 아래로 가는 정황을 가리키는 것이라 하겠다. 『의례정의』, 1317쪽 참조.

11_ 서성에게는 ~ 한다 : 『주례』「춘관 · 司儀」의 문장이다. 그에 대한 정현 주에 따르면, '土揖'은 맞잡은 손을 조금 아래로 미는 것이고, '時揖'은 맞잡은 손을 수평으로 미는 것이고, '天揖'은 높게 올려서 미는 동작을 말한다. 庶姓은 혈연관계나 혼인관계가 없는 사람(無親者)을 가리키고, 異姓은 혼인으로 이루어진 인척관계가 있는 사람을 가리킨다. 『주례』「춘관 · 司儀」, 정현 주 참조.

12_ 빈자를 ~ 전달한다 : 호배휘에 따르면, "四傳擯"의 '傳擯'은 빈자를 갖추어서 명을 전달하는 것이다.(傳擯者, 設擯而 傳命) 『의례정의』, 1318쪽 참조. 제후는 公, 侯, 伯, 子, 男의 5等 작위로 나뉘지만, 회동의 예를 거행할 때는 子男이 함께 도열하여 하나의 작위로 간주된다. 따라서 빈자는 공, 후, 백과 자남의 4개 작위가 각각 예를 거행할 때마다 그들을 뒤따르면서 당에 올라가 왕에게 명을 올리는 예를 알려주게 되는데, 이것을 '4차례 명을 전달한다'고 한 것이다.

13_ 제후들이 ~ 완성한다 : 섭숭의는 公은 玉을 上等에 놓고 한 층 내려와 中等에서 배례를 하고, 侯伯은 옥을 中等에 놓고 下等에 내려와서 배례를 하고, 子男은 옥을 下等에 놓고 땅에 내려와서 배례를 하는데, 배례 후에 각각 다시 한 층씩 올라가서 배례를 완성(成拜)하므로 이때 배례를 하는 장소는 모두 자기의 옥을 놓았던 곳이 된다고 하였다. 그는 또한 내려와서 배례를 하는 자는 모두 땅에 내려와서 배례를 한 뒤에 다시 자기의 옥을 놓았던 곳에서 배례를 완성하는 것일 수도 있다고 보았다. 호배휘는 첫 번째 설은 『주례』「사의」의 가공언 소에 있는 내용이며, 이보다는 두 번째 설이 낫다고 본다. 이러한 설명들로 볼 때, 經文의 '拜'는 실은 배례를 완성하는 成拜의 상황이다. 『의례정의』, 1319쪽 참조.

14_ 왕이 ~ 뒤에 : 왕이 옥을 받는 것은 朝覲의 절차이고, 옥을 어루만지는 것은 享禮의 절차이다.

15_ 아래 : 호배휘는 여기서의 '아래'는 경문에서 '下等'으로 되어 있지만, 이것은 위 문장의 '맨 아래층'을 뜻하는 '下等'과는 달리, '지면'(地)을 가리킨다고 본다. '等'이 위 문장들과 연계되어 잘못 들어간 衍文이라는 것이다. 『의례정의』, 1319쪽 참조.

16_ 그것을 근례라 ~ 것이다 : 會同의 예가 근례와 대략 같기 때문에, 근례에다 함께 기록했다는 뜻이다. 『의례정의』, 1320쪽 참조.

17_ 뜰에 ~ 뿐이다 : 장이기는 『通解』본에 '王官'을 '王宮'으로 썼음을 지적하고 있다. 호배휘는 擯者를 갖추는 것은 왕이 제후들을 보고 세 차례 읍을 한 이후이므로, 제후들이 문에 들어설 당시에는 擯者를 두지 않고, 뜰에 이르러서야 빈자를 갖춘 것이라고 말한다. 『의례정의』, 1318, 1320쪽 참조.

18_ 大旆 : 「교감기」에 따르면 唐石經, 『儀禮集釋』, 양복, 오계공 등은 모두 '旆'를 '旂'로 썼으며, 정현 주 또한 같고, '旂'로 보는 것이 가공언 소와도 부합한다.

19_ 이것은 ~ 것이다 : 호배휘에 따르면, 이것은 천자가 會同하는 날, 먼저 해에게 배례한 뒤에 제후들을 朝見하는 것이다. 행례 절차에서 보자면, 이 부분은 제후들이 각자의 旂 아래로 나아가 서기 전에 행하는 의례이다. 여기에 서술된 것은 旂에 대한 내용에 이어서 서술한 것일 뿐이다. 會는 정해진 시기가 없으므로 봄에 있을 수도 있고 여름, 가을, 겨울에 있을 수도 있다. 同은 巡守가 없는 해에, 봄에는 동방의 제후들이 와서 조견하고, 여름에는 남방의 제후가, 가을에는 서방의 제후가, 겨울에는 동방의 제후가 와서 조견한다. 여기서는 동문 밖에서 해에게 배례를 지낸다고 하였으므로, 봄에 회동이 있는 경우임을 알 수 있다. 『의례정의』, 1321쪽 참조.

20_ 말이 ~ 한다 : 『주례』「廋人」의 문장이다. 말의 크기에 따라 명칭이 다름을 말한다. "말이 8척 이상이면 龍이라 하고, 7척 이상이면 騋라 하고, 六尺以上이면 馬라 한다."(馬八尺以上爲龍, 七尺以上爲騋, 六尺以上爲馬)

21_ 존귀한 이를 ~ 것이다 : 천자가 지극히 존귀한데도 오히려 가서 해에게 배사하는 朝日의 예를 행하는 것은, 천하 사람들에게 그 존귀한 이를 존경하는 것을 가리키기 위해서라는 뜻이다. 『의례주소』, 616쪽 참조.

22_ 이 두 가지 : 「朝事儀」에서 해에게 배례한 이후에 제후들을 조견한다고 한 것과, 경문에서 해에게 배례한 후에 方明에게 제사지낸다고 한 것을 말한다.

23_ 무릇 ~ 것이다 : 모든 會同에서 盟을 하는 것은 아니지만, 不協하는 자가 있으면 회동 후에 반드시 盟을 한다. 아래 『주례』「司盟」의 문장을 들어 그 증거로 삼았다. 『의례정의』, 1323쪽 참조.

24_ 저축이 ~ 관장한다 : 詛祝은 신에게 올리는 언사를 관장하는 관리이다. 본래 신에게 말로써 아뢰는 것을 '祝'이라 하고 신에게 재앙을 내려줄 것을 청하는 것을 '詛'라고 한다. 祝號는 神明에게 고하는 언사이다. 『주례』「詛祝」 참조.

25_ 사독 : 『이아』「釋水」에 의하면, 바다의 발원지가 되는 나라의 큰 강과 하천을 가리키는 것으로, 長江, 黃河, 淮河, 濟水의 합칭이다.

26_ '배례한다'를 ~ 때문이다. : 배례에는 제사가 없고, 제사에는 배례가 있음을 말하는 것이다.

27_ 나를 ~ 맹세하리라 : 『시경』「王風 · 大車」 편이다.

28_ 비록 ~ 잊었겠는가? : 『춘추』 定公 元年, 宋仲幾의 말이다.

해제 經-47은 순수巡守, 즉 천자가 출행하여 방국邦國의 주州·군郡을 시찰하는 예禮이다

[觀禮10 : 經-47]

하늘에 제사지낼 때는 땔나무에 희생을 올려놓고 태운다. 산과 구릉에 제사지낼 때는 높은 곳으로 올라간다. 하천에 제사지낼 때는 제물을 물에 빠뜨린다. 땅에 제사지낼 때는 제물을 땅에 묻는다.

祭天, 燔柴. 祭山·丘陵, 升. 祭川, 沈. 祭地, 瘞.

정현주

높은 곳에 올라가고, 제물을 물에 빠뜨린다는 것은 반드시 가서 제사지내는 것을 가리킨다. 가서 제사지내는 것은 왕이 순수巡守[1] 할 때와 제후가 맹盟을 할 때[2] 지내는 제사를 말한다. 그 '맹盟'은 그 빛나고 밝은 것을 숭상하는 것이다.[3] 땔나무를 태우고, 높은 곳에 올라가고, 제물을 물에 빠뜨리고, 제물을 땅에 묻는 것은, 제례祭禮가 끝나는 것이고 완비되는 것이다.[4] 『예기』「교특생」에서 "하늘에 지내는 교제郊祭에서는 길어지는 해가 도래함을 맞이한다. 크게 하늘에 보답하는데 해를 주신으로 삼는다[5]"고 하였다. 『주례』「춘관·종백」에서는 "실시實柴(땔나무에 희생을 올려놓고 태워서 지내는 제사)[6]로 일월성신에게 제사지낸다"고 하였다. 그렇다면 땔나무를 태워서(燔柴) 하늘에 제사지내는 것은 해에게 제사지내는 것을 말한다. 땔나무가 해에게 제사지내기 위한 것이라면, 땅에게 제사지내고 제물을 묻는 것은 달에게 제사지내는 것이다. 해와 달인데 하늘과 땅이라고 말하는 것은 그것을

신령스럽게 하는 것이다.[7] 『예기』「왕제」에서 “왕이 순수巡守를 떠나 대종岱宗[8]에 이른다. 땔나무(柴)로 하늘에 제사지낸다”고 하였다. 이것은 왕이 순수를 가서 맹盟을 하는 것이므로 그 신神은 해를 주로 하는 것이다. 『춘추전』에서 “진晉의 문공文公이 천토踐土[9]에서 회맹會盟을 했다”고 하였는데, 전하는 말에 산천山川의 신이 제후들이 회맹할 때의 신神이라 하니, 그 신은 산천을 주로 하는 것이다. ‘달’이란 태음太陰의 정기精氣이고, 위로는 하늘의 사신使臣이다.[10] 신하 된 도리로 이보다 귀한 것이 없으니, 이것은 왕관王官의 백伯이다. 제후들을 모아서 맹盟을 할 때 아마도 그 신은 달이 주가 될 것이다. 고문본에는 ‘瘞’가 ‘殪’로 되어 있다. 升·沈必就祭者也. 就祭, 則是謂王巡守及諸侯之盟祭也. 其‘盟’, 愒其著明者. 燔柴·升·沈·瘞, 祭禮終矣, 備矣. 「郊特牲」曰, “郊之祭也, 迎長日之至也, 大報天而主日也.” 「宗伯職」曰, “以實柴祀日月星辰.” 則燔柴祭天, 謂祭日也. 柴爲祭日, 則祭地瘞者, 祭月也. 日月而云天地, 靈之也. 「王制」曰, “王巡守, 至于岱宗, 柴.” 是王巡守之盟, 其神主日也. 『春秋傳』曰, “晉文公爲踐土之盟”, 而傳云山川之神, 是諸侯之盟, 其神主山川也. ‘月’者, 太陰之精, 上爲天使. 臣道莫貴焉, 是王官之伯. 會諸侯而盟, 其神主月與? 古文‘瘞’作‘殪’.

주

1_ 순수 : 巡守는 천자가 出行하여 邦國의 州郡을 시찰하는 의례이다. 이곳 경문에 대해 장이기는 천자가 四岳을 순수하면서 각각 방향을 따라 제사지내는 것이라고 하였다. 진혜전은 왕이 순수할 때는 제후가 와서 朝覲하는데, 壇壝宮을 만들고 方明을 올려놓고 의례를 행하는 것은 會同의 경우와 같으나, 회동 때에는 해에 拜祀하고 日月, 山川, 丘陵, 四岳에 禮를 올릴 뿐이지만, 순수에서는 천지에 제사지내어 그 예가 더욱 성대하다고 하였다. 『의례정의』, 1327쪽 참조.

2_ 제후가 맹을 할 때 : 가공언은 여기서의 '諸侯之盟'이란 제후들이 스스로 盟을 할 때를 말하며, 이때에도 역시 산천에 제사를 지내기 때문에 겸해서 말한 것이라 하였다. 『의례주소』, 617쪽 참조.

3_ 그 '맹'은 ~ 것이다 : '惕其著明'의 '惕'에 대해서는 '揭', '楬' 등의 誤字라는 설이 있으나, 그 정확한 의미에 대해서는 언급된 것이 없다. 호배휘는 [근례10 : 經-46]의 정현 주에서 "신에게 맹약할 때 반드시 일월산천을 말하는 것은 빛나고 밝은 것을 숭상하는 것이다"(盟神必云日月山川焉者, 尙著明也)라고 한 의미와 같은 것으로 보았다. 『의례정의』, 1329쪽 참조.

4_ 땔나무를 ~ 것이다 : 곽박에 따르면, 땔나무를 태우고, 높은 곳에 올라가고, 제물을 물에 빠뜨리고, 제물을 땅에 묻는 것은 이미 제사를 지내고 행하는 것이므로, "제례가 끝나는 것"이라고 하였다. 또 天, 地, 山, 川 네 가지가 모두 열거되었으므로, "완비되는 것"이라고 하였다. 『의례정의』, 1329쪽 참조.

5_ 길어지는 해가 ~ 삼는다 : 『예기』「교특생」의 문장(郊之祭也, 迎長日之至也)이다. 정현은 이것이 夏曆 정월인 建寅의 달에, 장차 建卯 달에 있을 春分을 맞이하는 교제사로 보았고, 주희는 建子 달의 冬至에 처음 싹트는 양기를 맞이하여 지내는 제사로 보았다. 정현이 이것을 인용한 것은 하늘에 지내는 제사지만 '해를 주신으로 삼는다'는 『예기』 경문을 인용하기 위한 것으로 보인다.

6_ 실시 : 정현은 『주례』「大宗伯」의 "以實柴祀日月星辰"에 대한 주에서 '實柴'는 "땔나무를 쌓고 그 위에 소를 희생으로 올려놓고 태우는 것"(實柴, 實牛柴上也)이라고 하였다. 가공언의 소에서 "實柴 속에 玉은 올리지 않는다"(實柴中則無玉)고 하였다. 『주례』「대종백」 注疏 참조.

7_ 『예기』「교특생」에서 ~ 것이다 : 이 부분의 정현 주에 대해서, 호배휘는 경문에 보이지 않는 日月 제사를 天地 제사로부터 추론해 내려는 것으로, 많은 부분에서 의미가 타당하지 못하다고 평가한다. 또한 같은 목적을 위해 『춘추전』과 『회남자』의 내용을 인용한 것 역시 견강부회한 것으로 평하였다. 『의례정의』, 1329쪽 참조. 정현의 의도는 가공언이 소에서 지적하고 있듯이, 경문의 天, 地에 대한 제사가 천신과 지신에 대한 正祭가 아니라, 해, 달에 대한 제사를 천, 지로 신령스럽게 칭하여 지내는 제사라는 것을 보이고자 한 데에 있다. 『의례주소』, 618쪽 참조. 앞서 『예기』「교특생」의 경문과 『주례』「종백」의 문장을 인용한 것도 그러한 맥락이다.

8_ 대종 : 岱는 泰山을 가리킨다. 태산은 五嶽의 우두머리이기 때문에 모든 산의 宗이

된다는 의미에서 岱宗이라고 칭한다. 五嶽은 五方을 대표하는 五大 명산이다. 『주례』 「대종백」의 정현 주에 따르면, 동의 岱宗, 남의 衡山, 서의 華山, 북의 恒山, 중앙의 嵩高山을 가리킨다.

9_ 천토 : 춘추시기 鄭에 속한 지명이다. 『춘추』 僖公 28년에 晉 文公이 여기서 제후들과 會盟하였다. 그러나 해당 기사에서는 정현이 아래에서 언급하는 산천의 神에 대한 내용은 보이지 않는다.

10_ '달'이란 ~ 사신이다 : 『회남자』의 "月者, 太陰之精", "日月者, 天之使也"를 근거로 한 문장이다. 『의례정의』, 1329쪽, 호배휘 설 참조.

해제 記-1에서 記-3까지이다. 근의覲義를 부기하였다.

[覲禮10 : 記-01]

기記.

왕의 안석(几)을 동상東箱(東夾의 앞)에 대기해 놓는다.

記.

几俟于東箱.

정현주 왕이 자리에 나아갈 때 설치하는 것이다. '동상東箱'은 동협東夾의 앞[1]으로, 배회하며 일을 기다리는 곳이다. 王卽席, 乃設之也. '東箱', 東夾之前, 相翔待事之處.

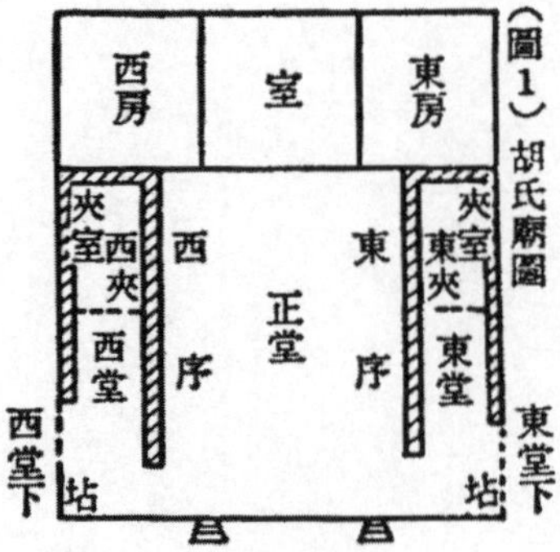

호배휘의 묘도

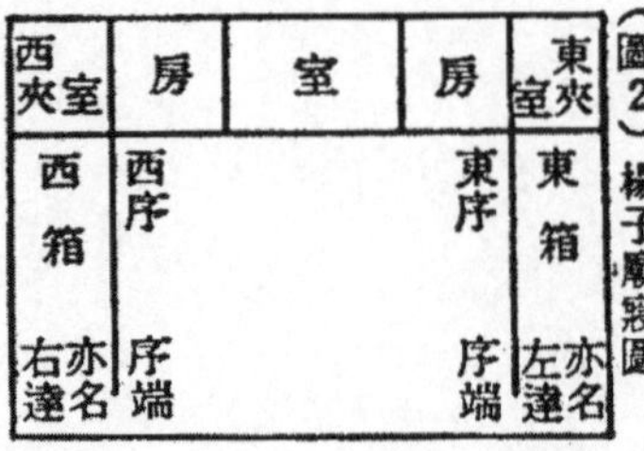

양복의 묘침도

[觀禮10 : 記 – 02]

편가偏駕(제후가 타는 수레)[2]는 왕성王城의 문에 들어가지 못한다.

偏駕不入王門.

정현주

곁에서 자기와 함께 있는 것을 '편偏'이라고 한다.[3] 동성同姓의 제후는 금로金路를 타고, 이성異姓의 제후는 상로象輅를 타고, 사위四衛의 제후는 혁로革輅를 타고, 번국蕃國의 제후는 목로木輅를 탄다. 타는 수레가 왕과 같은 것을 '편偏'이라고 부른다. '편가를 타고 왕성의 문에 들어가지 못한다'(駕不入王門)는 것은 묵거墨車를 타고 조근朝覲한다는 것이다.[4] 편가의 수레는 관사에 놓아두는 것인가. 在旁與己同曰'偏'. 同姓金路, 異姓象路, 四衛革路, 蕃國木路. 駕之與王同, 謂之'偏'. '駕不入王門',[5] 乘墨車以朝是也. 偏駕之車, 舍之於館與.

(천자) 옥로玉路

섭숭의(宋), 『삼례도』

[觀禮10 : 記 – 03]

제후는 규圭를 내려놓을 때, 옥 받침대(繅) 위에 놓는다.[6]

奠圭于繅上.

정현주

바닥에 내려놓는 것을 말한다. 고문본에는 '繅'가 '璪'로 되어 있다. 謂釋於地也. 古文'繅'作'璪'.

주

1_ 동상은 동협의 앞: 호배휘에 따르면, 廟寢의 제도에는 모두 '東夾'과 '西夾'이 있다. 동협은 당의 東序의 동쪽에 있고, 서협은 당의 西序의 서쪽에 있으며, 동협의 북쪽이 '東房'이고, 서협의 북쪽이 '西房'이다. 동방과 서방 사이에 墉이 있어 두 방을 가로막아 서로 통하지 못하게 한다. 동협과 서협은 각각 '東箱'과 '西箱'이라고도 칭한다. (호배휘의 묘도) 그는 양복의 묘침도가 '夾室'을 동방의 동쪽과 서방의 서쪽에 그려놓아서 房과 室을 병렬시키고 있는 것(양복의 묘침도)에 대해 잘못되었다고 비판하고, '東夾의 앞'은 곧 '東堂'이 되므로, '東箱'은 '東夾'이라고 본다. 이러한 호배휘의 설은 정현이 '東箱'을 '東夾之前'으로 보는 것과 같지 않은데, 정현은 여기 「근례」 記文의 주와 [공사대부례09 : 經-97]의 주에서 모두 동상(箱)을 東夾의 앞으로 설명하고 있다. 양복이 東箱을 東夾의 앞으로 보는 부분은 정현의 설과 일치하는 점이다. 『의례정의』, 994~995쪽 및 『의례정의』, 1331쪽 참조.

2_ 편가 : 천자가 타는 수레인 玉路, 金路, 象路, 革路, 木路의 五路를 正駕라고 하고, 제후가 타는 金路 이하의 四路는 모두 偏駕라고 한다.

3_ 곁에서 ~ 한다 : 가공언 소에 따르면, 『주례』 「巾車」의 五路 제도에, 왕의 玉路는 제사지낼 때 사용하는 것으로, 제후에게 하사하지 않는다. 金路는 빈객과 만날 때 사용하며 동성의 제후를 봉할 때 하사한다. 象路는 視朝를 볼 때 사용하며 이성의 제후를 봉할 때 하사한다. 革路는 兵事에 사용하는 것으로 사방을 지키는 제후를 봉할 때 하사한다. 木路는 네 계절에 田獵을 할 때 사용하는 것으로 九州 밖의 藩國을 봉할 때 사용한다. 이 다섯 종류의 수레는 천자가 타는 正駕로서, (하사되는) 네 종류의 수레는 제후가 타는 偏駕가 된다.(玉路以祀, 不賜諸侯, 金路以賓, 同姓以封, 象路以朝, 異姓以封, 革路以即戎, 以封四衛, 木路以田, 以封蕃國. 此五路者, 天子所乘爲正, 四路者, 諸侯乘之爲偏) 『의례주소』, 620쪽 참조.

4_ "편가를 ~ 것이다 : 성세좌는 王門은 왕성의 문을 가리키며, 金路나 象路를 타고 왕성 문에 들어가지 못하는 것은, 천자와 같다는 혐의를 받을 수 있기 때문이라고 하였다. 따라서 이 記文은, 제후가 천자의 나라에 들어갈 때, 墨車를 타는 것이 단지 조근할 때만이 아님을 밝힌 것이라고 본다. 『의례정의』, 1332쪽 참조.

5_ 謂之'偏'. "駕不入王門" : 『의례정의』의 교감기에 따르면, '謂之偏' 아래에 '偏' 한 글자가 탈간되어 있으며, 당연히 보충하여 아래 구절에 이어야 한다. 『의례정의』, 1338쪽 참조.

6_ 제후는 ~ 놓는다 : 가공언에 따르면, 이 상황은 [근례10 : 經-20] "후씨가 君門으로 들어가 오른쪽으로 나아가서, 앉아서 圭를 내려놓고, 머리를 바닥에 대면서 재배를 한다"(侯氏入門右, 坐奠圭, 再拜稽首)를 가리킨다. 『의례주소』, 620쪽 참조.

색인

ㄱ

가례嘉禮 19
가벽加璧 195
가석加席 95
가찬加饌 93
갱羹 29
거車 205
경扃 30
경卿 176
경빈卿擯 157
계戒 22, 138, 176
고苦 148
고孤 155
고청사告聽事 200
곡벽穀璧 184
곤衮 182
곤의衮衣 187
공公 22, 219
곽藿 148
관館 126
관사館舍 22, 166
구릉丘陵 223
구마九馬 196
구장九章 187
구저韭菹 65
궁규躬圭 184
궤几 33, 168
궤簋 67
규圭 188
근覲 163
근례覲禮 166
금로金路 204
기畿 166
기旂 219

ㄴ

날埒 216
남男 219
남순南順 53
녜禰 182
녜묘禰廟 42
노勞 208
노路 205
녹니鹿臡 65

ㄷ

단壇 216
대갱읍大羹湆 69
대구大裘 182
대기大旂 221
대문大門 25
대부大夫 22, 176
대행인大行人 166
도稻 82
독韣 184
동同 216

동방東房 34
동상東箱 94, 232
동서東序 64, 100
동성同姓 178
동숙東塾 94
동영東楹 102
동협東夾 43, 232
등鐙 69

ㅁ

말빈末擯 187
맹盟 217
멱幂 152
멱鼏 30, 152
면冕 187
명수命數 119
목로木輅 233
묘廟 42
묘문廟門 30
무옥撫玉 197
묵거墨車 183
미楣 46
미薇 148
미니麋臡 65

ㅂ

반槃 32
방명方明 216
배사拜賜 116
백伯 219
백구伯舅 210
백부伯父 173, 188
번국蕃國 233
번시燔柴 228
벽壁 166
별鷩 182
병屛 201
보簠 81
보黼 186
부膚 58, 67
부답배不答拜 24, 167
부의斧依 186
부제不祭 79
북교北郊 223
불숙계不宿戒 138
비匕 54
비碑 43
비면裨冕 182
빈賓 168
빈관賓館 113
빈례儐禮 127, 163, 207
빈사儐使 169
빈자擯者 29, 187
빙례聘禮 182

ㅅ

사柶 78
사舍 166
사독四瀆 223
사례食禮 22, 212
사사賜舍 173
사아士訝 116
사위四衛 233
산천山川 223

삼반三飯 95
삼사三辭 23
삼양三讓 43
삼음三飮 108
삼읍三揖 43, 167
삼향三享 196
상개上介 22, 104, 168, 178
상대부上大夫 119
상로象輅 204
상빈上儐 41
상빈上擯 187
상찬上贊 157
색부嗇夫 187
서黍 67
서수庶羞 82
서영西楹 102
서옥瑞玉 183
석席 33
석腊 56
석폐釋幣 182
선석鮮腊 118
선어鮮魚 118
성배成拜 76, 207
세洗 31
소繅 183, 184
소빙小聘 19
소석繅席 155, 186
소행인小行人 173
속速 138
속백束帛 100, 166, 169
수옹受饔 126
숙宿 138
숙구叔舅 210
숙부叔父 210
순수巡守 229
승마乘馬 169
승빈承擯 173
승피乘皮 97
시자豕炙 86
시자豕胾 86
신규信圭 184
신명神明 216
십단十端 100

ㅇ

아訝 116, 176
양粱 81
양자羊炙 86
양자羊胾 86
어魚 56
여식자旅食者 54
여인旅人 54
여일인予一人 188
연筵 33
연례燕禮 212
예醴 139
예瘞 228
예폐禮幣 212
오례五禮 19
옥궤玉几 186
옹饔 124
옹인雍人 54
완석莞席 155, 186
용龍 221

용기龍旂 183
우遇 163
우육단右肉袒 200
우자牛胾 85
우지牛鮨 85
월月 223
위胃 58
유壝 216
유霤 106
유궁帷宮 166
유문帷門 166
유사有司 113
유폐侑幣 100
윤부倫膚 57
읍揖 42
읍湆 33
의依 186
이匜 32
이폐離肺 77
일日 223
입문우入門右 188

ㅈ
자炙 85
자子 219
장腸 58
장醬 33, 62
장璋 218
장음漿飮 34
장차掌次 178
재宰 44, 197
재배再拜 75
재배계수再拜稽首 24
재부宰夫 29, 44
재장截漿 34
저축詛祝 222
전인甸人 30
전지奠摯 188
정鼎 30
정문旌門 166
정실庭實 97, 195
정찬正饌 84
제祭 76
조俎 54
조祧 183
조朝 163, 178
조복朝服 25, 166
존尊 33
졸식卒食 108
종宗 163
종백宗伯 187
종자從者 104
주奏 56
지鮨 85
직稷 67

ㅊ
차次 25, 178
차복車服 204
차석次席 186
창벽蒼璧 218
창본昌本 65
천주遷主 182
철徹 110

청저菁菹 65
추석萑席 143
축祝 182
축호祝號 222
취毳 182
치絺 182
치觶 70
치관致館 173
치명致命 197
침沈 228

ㅌ

탐해醓醢 65
태사大史 207
태상大常 221

ㅍ

편가偏駕 233
폐肺 77
포벽蒲璧 184
포연蒲筵 143
풍豐 34, 70
피변복皮弁服 166
필마匹馬 196

ㅎ

하개下介 187
하대부下大夫 119
행주行主 182
향享 195
향饗 31, 212
향膷 85
향례饗禮 31, 212
혁로革輅 233
현玄 182
현단玄端 25
협篋 205
형鉶 70
형인亨人 30
혜장醯醬 63
호戶 33
호琥 218
환규桓圭 184
황璜 218
황종黃琮 218
회膾 85
회會 72, 216
효殽 95
효膮 85
후侯 219
후씨侯氏 166
훈臐 85